MÉMOIRES CHRONOLOGIQUES

Pour servir à l'Histoire de Châtellerault

Recueillis et mis en ordre en 1788

PAR ROFFAY DES PALLUS

PUBLIÉS

Sous les auspices de l'Association Amicale

des Anciens Élèves du Collège de Châtellerault

PAR

CAMILLE PAGÉ

OFFICIER D'ACADÉMIE

CHEVALIER DE LA LÉGION D'HONNEUR

CHÂTELLERAULT

IMPRIMERIE HENRI RIVIÈRE, RUE BOURBON, 58

MÉMOIRES CHRONOLOGIQUES

Pour servir à l'Histoire

DE CHATELLERAULT

MÉMOIRES CHRONOLOGIQUES

Pour servir à l'Histoire de Châtellerault

Recueillis et mis en ordre en 1738

PAR ROFFAY DES PALLUS

PUBLIÉS

Sous les auspices de l'Association Amicale

des Anciens Élèves du Collège de Châtellerault

PAR

CAMILLE PAGÉ

OFFICIER D'ACADÉMIE

CHEVALIER DE LA LÉGION D'HONNEUR

CHATELLERAULT

IMPRIMERIE HENRI RIVIÈRE, RUE BOURBON, 58

1909

A Monsieur

ALFRED HÉRAULT

COMMANDEUR DE LA LÉGION D'HONNEUR,

ANCIEN DÉPUTÉ,

ANCIEN SOUS-SECRÉTAIRE D'ÉTAT AUX FINANCES,

PREMIER PRÉSIDENT DE LA COUR DES COMPTES,

PRÉSIDENT DU CONSEIL GÉNÉRAL DE LA VIENNE,

PRÉSIDENT D'HONNEUR DE L'ASSOCIATION AMICALE DES

ANCIENS ÉLÈVES DU COLLÈGE DE CHATELLERAULT.

Ses Amis,

Ses Condisciples.

INTRODUCTION

Ayant publié dans le *Bulletin* de l'Association Amicale des anciens Eleves du Collège de Châtellerault, avec l'approbation du Comité d'Administration, divers documents d'histoire locale qui ont paru intéresser les Membres de l'Association, j'ai proposé à l'Assemblée Générale du 27 avril 1908, de publier les *Memoires de Roffay des Pallus*, et j'ai été assez heureux pour obtenir l'autorisation de faire cette publication.

Ces mémoires ont une importance considérable et il leur a été fait de nombreux emprunts par les divers écrivains qui se sont occupés de l'histoire de Châtellerault.

Il existe plusieurs copies anciennes de ce manuscrit :

1º A la Bibliothèque de la ville de Poitiers.

    (Manuscrits de Dom Fonteneau. — Tome XXXIV, page 73).

2º A la Bibliothèque Nationale de Paris. *(Fonds Français nº 14.595).*

3º A la Bibliothèque de la Société des Archives historiques du Poitou. *(Don de M. le Duc des Cars).*

4º Chez M. Rabeau, banquier, à Châtellerault.

X

J'ai eu ces divers exemplaires entre les mains, je les ai examinés longuement et je puis émettre, à leur sujet, une opinion qui m'a été suggérée par les différences qui existent entre eux.

Le Manuscrit de la Bibliothèque Nationale contient à la première page, une note qui va fixer de suite sur la date à laquelle ces mémoires ont été rédigés (¹).

Dans cette note, l'auteur fait connaître que M. Le Nain, intendant du Poitou, ayant mandé à Poitiers, pour le 4 nov^{bre} 1737, les receveurs des tailles et les officiers de l'Election de Châtellerault pour faire la répartition des tailles de 1738, il leur demanda de lui fournir des *Mémoires sur la Ville et Election de Chatellerault*. La ville lui étant échue en partage, il s'était mis de suite à l'œuvre et aussitôt son travail terminé, il l'avait envoyé à M. Le Nain dans le *courant du mois d'octobre 1738*.

Il ajoute : « *Cette note est pour moy seul, il ne faut pas la mettre sur les autres exemplaires.* »

Par conséquent, le premier exemplaire de ce travail a été remis au mois d'octobre 1738 à M. Le Nain et c'est celui qui se trouve copié dans les manuscrits de Dom Fonteneau, à la Bibliothèque de Poitiers ; car il est intitulé :

« *Mémoire général sur la Ville, duché et Election de Chatellerault.* »

Ce qui correspond bien à la note ci-dessus, de plus Dom Fonteneau a pris soin d'ajouter en marge :

« *Communiqué par M. L'Intendant Le Nain.* »

L'auteur, intéressé sans doute, par son sujet, fit d'autres recherches et recueillit divers renseignements qui

---

(¹) Voir page 3.

l'engagèrent à compléter son premier travail et il lui donna pour titre :

« Mémoires chronologiques pour servir a l'histoire de la Ville de Chatellerault. »

Ce travail fut ensuite recopié par un scribe : c'est cet exemplaire qui est conservé à la Bibliothèque Nationale à Paris. Il fut corrigé encore après avoir été reçopié, car il contient, en marge et à la fin, de nombreux renvois écrits de la main de l'auteur.

Il fallut nécessairement un certain temps pour faire ce nouveau travail, c'est pourquoi le manuscrit appartenant à la famille Creuzé, qui a été consulté par M. de Saint-Genis, portait la date de 1739, probablement inscrite par un membre de cette famille au moment où l'auteur lui a remis le dit exemplaire.

Ce qui prouve bien que le manuscrit de la Bibliothèque Nationale a été la copie faite et corrigée après la remise du Manuscrit original à Monsieur l'Intendant Le Nain, copie que l'auteur se réservait, c'est que les deux autres exemplaires dont nous avons parlé, celui de Mr Le Duc des Cars et celui de M. Rabeau, qui sont de l'époque, portent le même titre, *Memoires chronologiques pour servir a l'histoire de Chatellerault*, et la note placée au commencement est identique sur chacun de ces deux exemplaires (1) et diffère de celle qui est sur le Manuscrit de la Bibliothèque Nationale. En outre les renvois ont été mis à leur place lorsque la copie en a été faite.

Un seul fait porte la date de 1739. c'est la mort de M. le Prince de Talmont, duc de Châtellerault, arrivée le 21 janvier 1739 (2). Il est probable que cet évènement impor-

---

(1) **Voir page 4.**

(2) **Voir page 87.**

tant étant survenu peu de temps après que l'auteur eut terminé son premier travail, il l'a ajouté sur son second manuscrit.

Cependant cet évènement est également signalé sur le manuscrit de Dom Fonteneau, mais il n'est pas rédigé de la même façon et il y a lieu de croire que ce fait, comme nous venons de le dire, ayant une assez grande importance, Mr L'Intendant Le Nain l'aura ajouté sur son manuscrit avant de le communiquer.

D'ailleurs, tous les faits cités dans ces Mémoires s'arrêtent en 1738 et même l'auteur dit à la page 167 :

« Les rues de la ville et des fauxbourgs ont été pavés a neuf cette année 1738 ».

Quelques lignes plus loin, il dit encore :

« Je dois aussy raporter l'Etat des sommes que la ville paye au Roy pour l'année présente 1738 ».

Le manuscrit donné par M. le Duc des Cars, à la Société des Archives historiques du Poitou, porte à la première page, écrite par une main étrangère, à la suite du titre :

> *« Par M{r} Roffay, homme peu judicieux,*
> *Bon homme du reste, en 1738. »*

Cette annotation a dû être écrite par l'aïeul du donateur à l'époque où cet exemplaire des Mémoires lui a été offert. Elle est le fait d'un esprit peu généreux et peu judicieux lui-même.

J'ai parlé de l'exemplaire de la famille Creuzé que M. Victor de Saint-Genis (¹) avait consulté ; cet exemplaire a

---

(1) *Victor de Saint-Genis*, conservateur des hypothèques, auteur de l'*Inventaire des Archives Municipales de Châtellerault, antérieures à 1790*. — Imprimerie Rivière à Châtellerault. — 1877.

disparu, mais **M.** Creuzé-Lavallée en avait fait prendre une copie moderne que son fils **M.** Evariste Creuzé a eu l'obligeance de me communiquer, ce qui m'a permis de constater que ce manuscrit était semblable à ceux de **M.** Rabeau et de **M.** Le Duc des Cars, même titre, même note au commencement,

Le manuscrit de la Bibliothèque Nationale que je publie aujourd'hui, est en très bon état de conservation; il contient 138 feuillets de papier blanc de format in-4° (276 pages), plus 10 autres feuillets (20 pages), servant aux avertissements, dédicace, préface, etc., plus 1 feuillet blanc (2 pages).

L'écriture en est belle, assez grosse et très lisible, c'est celle d'un scribe très exercé, mais tous les renvois écrits en marge et ceux qui sont à la fin sont de la main de l'auteur des Mémoires.

Il est renfermé dans une belle reliure de l'époque (plein veau) avec dos à nerfs, orné de fleurs de lis dorées, et il a pour titre, *Histoire de Chatellerault.*

Le Manuscrit de M. Le Duc des Cars, ressemble beaucoup à celui de la Bibliothèque Nationale comme écriture et comme reliure, mais, de même que pour celui de **M.** Rabeau, ce n'est pas le même scribe qui l'a copié d'un bout à l'autre. A la fin de cet exemplaire ont été copiées quantité de pièces postérieures aux Mémoires de Roffay.

Il existe, paraît-il, aussi un autre exemplaire de ces Mémoires à la Bibliothèque de Niort, je n'ai pas eu l'occasion de le voir.

Enfin, l'abbé Lalanne parle d'un exemplaire qui appartenait à **M.** Faulcon-Rivière.

J'ai passé en revue les divers exemplaires du Manuscrit qui nous intéresse et je pense avoir établi d'une façon indiscutable que les *Memoires Chronologiques pour ser-*

vir à l'Histoire de Chatellerault ont été rédigés en 1738.

Quant à l'auteur, son identité a été très discutée. D'après ce qui a été dit precédemment, il n'est pas douteux que ce soit un membre de la famille *Roffay* qui était receveur des tailles en 1738.

Or l'*Alamnach du Poitou* pour 1738 (Imprimé à Poitiers chez Jean Faulcon fils), conservé aux archives départementales, indique pour Châtellerault, *deux officiers des finances*, comme on disait alors ;

Mre *Roffay des Pallus*, receveur des tailles de l'exercice pair, c'est-à-dire 1736, 1738, 1740, etc., et Mre *Roffay de Messais*, receveur des tailles de l'exercice impair, c'est-à-dire 1737, 1739, 1741, etc.

Il est évident, d'après la note du Manuscrit de la Bibliothèque Nationale dont il a été question plus haut, que M. *Roffay des Pallus* étant receveur des tailles pour l'année 1738, c'est lui qui fut appelé à Poitiers, au mois de novembre 1737, pour préparer la taille de 1738, et chargé par l'Intendant de rédiger le *Memoire sur la Ville, Duché et Election de Châtellerault.*

Reste à savoir quel est celui des membres de la famille Roffay qui était receveur des tailles en 1738, car il y a eu plusieurs Roffay des Pallus et deux d'entre eux ont été receveurs des tailles vers cette époque.

En consultant la généalogie de la famille Roffay que Madame Varlet a bien voulu me confier, généalogie dressée par M. René Papillault, on trouve :

Jérôme Roffay (¹), né le 26 avril 1677 (Paroisse N.

---

(1) Jérôme Roffay était le frère de Roffay de Messais qui avait été reçu en l'office de receveur des tailles en 1717, en remplacement de leur père. Roffay de Messais était par conséquent l'oncle d'Antoine dont il est question ci-après.

Dame), qui épousa Marie Vantelon, fille de Vantelon *Seigneur des Pallus* (¹) et de la Pinotière, fut reçu en l'office de *receveur alternatif* des tailles, le 14 janvier 1699 et devint *receveur ancien* le 7 décembre 1707. Il est décédé le 28 janvier 1766. Il avait pris le nom de *Roffay des Pallus*. Il eut de son mariage, avec Marie Vantelon, dix enfants.

Antoine Roffay des Pallus son 3ᵉ fils, né le 30 novembre 1710, fut avocat en Parlement. Il fut reçu en l'office de receveur ancien des tailles de Châtellerault, le 29 décembre 1741, puis commis par arrêt du Conseil d'Etat pour faire le recouvrement des tailles des exercices pair et impair (1751-1752).

Or, pour que ce dernier fut pourvu, en 1741, du titre de receveur ancien, il fallait nécessairement qu'il ait été d'abord receveur alternatif au moins pendant plusieurs années ; il est donc plus que probable que c'était lui qui était receveur des tailles en 1736 et 1738. Au reste, si Jerôme Roffay avait été receveur des tailles en 1738, l'almanach du Poitou aurait sûrement indiqué qu'il était receveur ancien, tandis qu'il met seulement receveur des tailles pour l'exercice pair.

D'ailleurs si l'on considère que Jérôme Roffay qui était receveur des tailles en 1699, avait 60 ans en 1737, et qu'il exerçait cette fonction depuis 38 ans, il y a lieu de supposer qu'à cette époque il avait cessé l'exercice de ses fonctions et qu'il avait dû faire nommer son fils pour le remplacer.

C'est ce dernier, *Antoine Roffay des Pallus*, qui fut choisi comme *Maire de Châtellerault* en 1765 et comme

---

(¹) *Les Pallus*, hameau de la commune de Colombiers, sur la limite de la commune de Naintré.

Colonel des Milices Bourgeoises en 1768, et c'est à lui que l'on doit attribuer la paternité des Mémoires qu'on va lire.

Il avait épousé Marie-Anne Vanvoorsa et mourut en 1783, sans postérité.

Je crois qu'il est intéressant de faire connaître l'opinion de M. de Saint-Genis qui a publié dans le *Mémorial du Poitou*, au mois d'avril 1875, une étude sur ce sujet (1) :

« Le style de ces mémoires, dit-il, rapproché de ce qu'on sait du caractère bienveillant et souple de Roffay des Pallus, les aptitudes administratives que révèle la discussion de certains chapitres, la notoriété du personnage, toutes ces présomptions concordantes à défaut d'indications plus précises, permettent de penser que le correspondant de M. Le Nain fut ce même Roffay qui exerça pendant de longues années, à la satisfaction de tous, l'emploi délicat de collecteur public, qui concourut pendant 15 années à l'administration municipale de la ville de Châtellerault (2) et qui au déclin de sa carrière publique se dévoua pour consacrer à sa ville natale ce qui lui restait d'une ardeur défaillante, et pour prêter à l'intendant l'autorité d'un caractère conciliant et honoré.

« J'en trouve la preuve parmi les documents inédits conservés aux archives de Châtellerault.

« En juillet 1765, le comte de Saint-Florentin demande l'opinion de l'un des officiers municipaux sur le choix à faire

---

(1) *La Ville de Châtellerault en 1739, d'après les papiers inédits d'un magistrat contemporain, par M. Victor de Saint-Genis.* C'est à tort qu'il a mis 1739, sur la foi d'une date inscrite sur le manuscrit de M. Creuzé qu'il avait entre les mains ; il aurait dû mettre 1738.

(2) *Antoine Roffay des Pallus* a exercé les fonctions de Lieutenant de Maire depuis le 23 décembre 1747, jusqu'à sa nomination de Maire le 5 septembre 1765.

parmi les trois candidats présentés pour la charge de Maire. Le 24 juillet, l'interpellé (dont le nom n'est pas indiqué) répond que le meilleur choix serait celui de Roffay.

« Je me contenteray, ajoute-t-il, d'en rapporter un trait
« qui fait sans contredit le plus grand éloge de la bonté de
« son cœur. Avant qu'il fut dans la chrge de receveur des
« tailles, on voyait les prisons remplies de collecteurs ; depuis
« qu'il est en place, c'est un phénomène d'en voir un, quoi-
« qu'il ne fasse cependant point usage des garnisons. C'est
« là, à mon avis, un trait qui caracthérise le citoïen. Qui
« peut d'ailleurs estre plus propre à devenir le chef d'un
« corps municipal que le Gouvernement a en vue de mettre
« sur un bon pied, qu'un officier qui pendant quinze années
« a rempli avec applaudissement la seconde place de l'ancienne
« maison de ville. »

« Jusqu'à preuve du contraire, ajoute M. de Saint-Genis, je propose donc d'admettre que M. *Roffay des Pallus* est l'auteur du Manuscrit de 1739. »

Quel que soit le jugement que l'on porte sur les Memoires de Roffay des Pallus, on est obligé de reconnaître qu'ils offrent un intérêt considérable par les données historiques qui y ont été rassemblées à une époque où l'on pouvait consulter certains documents qui nous font défaut aujourd'hui et par la description minutieuse avec laquelle il fait connaître l'Etat économique et social de Châtellerault en 1738.

L'auteur déclare d'abord établir l'origine de notre cité, puis il donne la chronologie historique des Vicomtes et Seigneurs apanagistes et engagistes de la Ville et Duché du Châtellerault. Il passe ensuite en revue les divers épisodes de l'histoire locale qu'il a été obligé d'abandonner pour ne pas interrompre son récit. Enfin il fait revivre toute l'administration du XVIIIe siècle avec ses différentés juridictions, la Maison de Ville avec ses milices, le Clergé avec ses Eglises, ses Prieurés et ses Communautés.

Son étude s'étend aussi aux médecins, à tous les corps de métiers, aux foires, aux marchés, au commerce et à la population de la ville. Il établit en outre la nomenclature des fiefs, des revenus et des charges du Duché.

C'est un travail qui ne s'était jamais fait auparavant et que personne n'a entrepris depuis ; il faut en reporter pour une partie, le mérite à celui qui en a eu l'initiative, Monsieur Le Nain, baron d'Asfeld, conseiller du Roi, Intendant du Poitou, de 1732 à 1743. Je dirai avec M. de Saint-Genis, qu'il faut lui savoir gré d'une tentative qui dénote de sa part une grande intelligence et qui, grâce à lui, nous a conservé certains détails précieux que l'on est heureux de retrouver aujourd'hui.

Les Mémoires de Roffay des Pallus sont peu connus et l'on ignorait il y a 30 ans que l'original fut à la Bibliothèque Nationale ; je m'applaudis d'avoir eu l'idée de proposer à notre Association d'en faire la publication, ce sera un service rendu à tous ceux qui s'intéressent aux recherches historiques et en particulier aux Châtelleraudais amoureux de l'histoire locale.

En terminant cette introduction, je me fais un devoir et un plaisir d'adresser mes plus vifs remerciements à toutes les personnes qui ont bien voulu m'aider dans mes recherches en me confiant les documents en leur possession.

L'Archiviste perpétuel,

Camille PAGÉ, ✳, ✿.

NOTA. — Pour faciliter les recherches, j'ai divisé ces Mémoires en plusieurs parties ; on trouvera en outre, à la fin, une table des matières qui permettra de trouver, sans fatigue, les divers sujets traités par l'auteur.

De plus, j'ai ajouté quelques pièces justificatives de faits intéressants dont il est parlé dans ces Mémoires.

Enfin, j'ai accompagné le textes de notes destinées à le compléter et à le commenter.

Je dois aussi informer les lecteurs que le manuscrit de la Bibliothèque Nationale écrit *Chatel-rault* ainsi.

Cette orthographe est inadmissible, elle est contraire à l'étymologie, je n'ai jamais vu le nom de notre cité orthographié de la sorte. C'est une pure fantaisie du copiste. car dans toutes les notes ajoutées par l'auteur, ce dernier orthographie *Chatellerault* comme on l'écrit aujourd'hui·

La reliure porte, elle-même, cette inscription ;

Histoire de Chatellerault.

TAILLE : *Roffay* ————

JE fouffigné Confeiller du Roy, Receveur ancien des Tailles
de l'Election de Châtellerault, en Exercice les années paffes
Reconnois avoir reçû *des heritiers defeu Monfieur Cœur*
la fomme de *Douze livres* ————————————
a valoir fur celle a laqu'elle il eft taxé d'office au Rolle des
Tailles de la Paroiffe de *St Jacques* ————
pour l'année mil fept cent quarente *Deux* ————
FAIT au Bureau de la Recette des Tailles de Châtellerault
le *Trois Septembre* —— mil fept cens quarente *Trois* ——
fans préjudice des frais.
Recepiffé de *xy*
Efpece à 6. —— *12*
Monnoye ————————

FAC SIMILE D'UNE QUITTANCE SIGNÉE PAR *Antoine Roffay des Pallus*

Armoiries

de

ROLLAND DES PALLUS

D'azur à un chevron d'or accompagné en chef

de trois étoiles rangées de même

et en pointe d'un Dauphin d'argent

(Armorial général de la France de Charles d'Hozier —
Arrêt du 1er Juillet 1701).

NOTES

PRÉLIMINAIRES

Observation

M. *Le Nain Intendant du Poitou ayant mandé pour le 4e 9bre 1737,* **MM.** *les officiers de l'Election de Chatellerault et les receveurs des tailles pour aller a Poitiers faire le departement* (1) *des tailles de 1738, il nous proposa de luy fournir des memoires sur la ville et election de Chatellerault ainsy qu'il l'avait fait ailleurs pour du tout faire une histoire de Poitou, conformement a un canevas qu'il nous donna et que je raportay. La ville tomba dans mon lot ; j'ay employé huit mois a lire et a extraire les autheurs et memoires qui pouvaient m'instruire, j'en ay mis deux a mettre mes mémoires en ordre et environ quinze jours a la redaction ; je les envoyai a* **M.** *Le Nain dans le courant du mois d'octobre 1738.*

Il les a reçus avec bonté et m'a tesmoigné souhaitter que je travaillasse quelques parroisses de campagne concurremment avec **MM.** *les officiers de l'election, je feray tous mes efforts pour le satisfaire.*

Cette observation est pour moy seul, il ne faut pas la mettre sur les autres exemplaires.

---

(1) **Département,** vieux mot qui signifie **répartition.**

Monsieur Le Nain, Intendant de Poitiers, ayant dessein de faire une histoire du Poitou, demanda des Mémoires à différentes personnes de chaque endroit de la Province. Il me fit l'honneur de s'adresser à moy pour luy fournir ceux qui concernent la ville, sénéchaussée et election de Chatellerault, par sa lettre du 4 novembre 1737. Mon premier soin fut de chercher avec le secours de mes amis tous les auteurs qui ont parlé de ce pays, et j'ai eu le bonheur d'en rassembler un bon nombre et dont j'ay cy devant donné les titres.

Par M. Roffay,
en 1738.

Auteurs, pieces et memoires qu'on a consultés et dont on s'est servy pour la composition de cette histoire.

Ptolemée	*Cosmographie*
Calpin	*Dictionnaire*
Pajot	*Dictionnaire*
Besly	*Histoire des Comtes du Poitou. C'est celuy ou j'ai trouvé le plus de matière*
Les Ste Marthe	*Gallia Christiania*
Dubouchet	*Annalles d'Acquittaine*
Oderic Vital	*Histoire ecclesiastique*
Ribier	*Chronique de Limoges*
Mesnage	*Arbre genealogique des Comtes de Poitou*
Mezeray	*Histoire de France*
Le Pere Daniel	*Histoire de France*
Baile	*Dictionnaire Chritique*
Branthome	*Les Memoires*
Belleforest	*Histoire de Charles VII*
Le Pere Dorleans	*Vie de Louis VII*
Gaguin	*Histoire de France*
Duchesne	*Histoire de la maison de Chatillon*
Chenu	*Antiquités de la Ville de Poitiers*
Chopin	*Du Domaine de France*
Larrey	*Histoire d'Angleterre*
Piganiol de la Force	*Nouvelle description de la France*
Duplex	*Histoire de France*
Nostradamus	*Histoire de Provence*
Philippe de Commines, sénéchal du Poitou	*Histoire de son temps*
Daubigné	*Histoire de France*
Hillarion de Coste	*En son éloge*
Florimond de Remond	*Traittez contre les protestans*
Jocondus Sincerus	*En sa guide des chemins*
Baillet	*Vie de Descartes*
Le Pere Labbé	*Alliances chronologiques*

Le Pere Anselme   *Histoire genealogique et chronologique de la maison de France*

Mornay   *Memoires.*

Le Pere de la Main-Ferme   *Necrologia fontis heraldy*

Memoires de Notre-Dame de Chatellerault

Inventaire de Chatellerault

Archives des Minimes de Chatellerault

Histoire ecclesiastique des Eglises reformees

Plusieurs Chartres et Chroniques, Ordonnances, Edits, Lettres patentes, Declarations et Arrets

Compulsoires de greffes

Epitaphes

Et memoires particuliers

Avertissement

Les differentes parties que j'ai traittées dans l'histoire de la Ville de Chatellerault et les longs détails dans lesquels je suis entré sur la fin, par l'enumeration des corps de metiers et autres, pouvant paroistre trop etendus et ne pas estre tous absolument necessaires a l'histoire ; j'ay cru ne pouvoir mieux me justifier de ce reproche s'il m'est fait, qu'en rapportant tout au long, le canevas qui m'a eté donné le 4 novembre 1737 par M. Le Nain, intendant de cette province, que j'ai esté obligé de remplir et auquel je n'ay rien ajouté.

Questions à l'Egard des villes

Un memoire contenant une histoire abregée, c'est-a-dire, leur origine, leurs privileges, les sieges, batailles et les hommes illustres.

Les monuments, les eglises, places publiques, fontaines, leurs revenus, leur depence.

L'administration de la justice, les sieges de justice, le nombre des Juges, le prix de leurs charges, leur ressort, etc.

Les Ecclesiastiques, sur leurs benefices, leur revenu.

Les gentilshommes etablis actuellement dans la ville.

Les differents privilegiés.

Le nombre des habitants, des mariages, des naissances et des morts en 1736.

Comparer ce nombre qui fait l'Etat actuel de la ville aux

deux autres époques, l'une de 1684 avant la revocation de l'Edit de Nantes et l'autre de 1700 ou des 10 années suivantes.

Marquer les causes presumées de l'augmentation ou de la diminution.

S'il y a des terres qui dependent de la ville et qui fassent corps avec elle, en expliquer en détail la consistance et le produit, car sy elles dependent des paroisses de campagne, taxés dans les roles particuliers ou séparés, il suffira d'en faire mention et reserver le detail a la paroisse ou les biens sont sittués.

L'industrie, les arts et metiers, leur nombre, l'etandue de leur travail, leur gain et s'ils sont en communauté.

Les foires, les marchés.

Le commerce.

Le transport des denrées par eau.

Entrer dans le détail des Rivieres navigables s'il y en a, des moyens et de l'avantage de rendre navigables celles qui ne le sont pas ou d'y substituer des canaux.

Le transport des denrées par terres, les lieux d'ou on les apporte, ceux ou on les expose.

Les chemins tant ceux necessaires pour les voyageurs et les troupes que pour le transport des marchandises et denrées.

Ce que la ville paye au Roy.

Tailles.

Capitations.

Fourrage.

Ce qu'elle payoit de dixieme.

Ce qu'elle payoit d'Ustancille.

Ce qu'elle doit, par estimation, pour les droits d'aides, dommaines, controlles, francsfiefs, etc.

Observations,

MEMOIRES CHRONOLOGIQUES

POUR SERVIR A L'HISTOIRE

DE

CHATELLERAULT

Recueillis et mis en ordre

PAR ****

Monseigneur Le Nain, Chevallier, baron d'Asfeld, Conseiller du Roy en ses conseils, Maistre des requetes ordinaires de son hôtel, Intendant de Justice, Pollice et finance, en la generallité de Poitiers.

Monseigneur

J'ay l'honneur de vous presenter les memoires que j'ai recueillis par votre ordre pour servir a l'histoire de la ville de Chatellerault ; la plus grande marque que je pouvois vous donner, Monseigneur, de l'obeissance que je vous dois, a eté celle de me charger de cet ouvrage.

Plusieurs raisons dont les unes me regardent et les autres, la chose même me portoient a vous suplier de m'en dispenser, ces sortes d'ouvrages, doivent estre faits par des gens de lettre et qui soient versés dans l'histoire. Le metier que vous scavés, Monseigneur que je fais est très elloigné de la disposition qui y est necessaire. Quand a la matiere, elle est des plus ingratte; la ville de Chatellerault quoyque très ancienne et decorée de beaux titres n'etoit point dans ses commencemens asssés considérable pour avoir merité que des autheurs d'une certaine reputation, en ayent parlé, dans une suitte d'histoires, si ceux de cette première distinction l'ont fait, ce n'a été qu'en quelques occasions et par necessite pour lier certains faits generaux ou cette ville entroit pour quelque chose et se trouvoit pour ainsy dire dans leur chemin ; les uns ont raporté un fait, les autres un autre ; il a fallu les raprocher les uns des autres, essuyer des contradictions embarassantes et enfin se determiner sur le choix, aux risques de donner prises a la critique de quelque costé que l'on se tournast.

Il est maintenant vray, Monseigneur que j'ai eté si sagement conduit par le canevas que vous avés eu la bonté de me donner, qu'en repondant simplement aux questions qu'il renferme, mon ouvrage s'est trouvé fait. Cependant, Monseigneur, je n'ose pas dire que cet ouvrage soit plutost le vôtre que le mien, parce que ce serait vous faire injure que de vous en attribuer un aussy imparfait que celui-cy, je puis seulement dire que je suis un Econosme qui ay ramassé ça et la, des materiaux dispercés que j'ay portés aux pieds d'un très savant architecte, lequel saura tellement les mettre en œuvre qu'ils seront meconnaissables lorsqu'ils sortiront de ses mains, par le choix, l'ordre, l'arrangement, l'expression et toutes les autres graces qu'il voudra bien y ajouter.

Voila, Monseigneur, tout ce que j'ay pu faire pour vous donner des marques du très profond respect avec lequel j'ay l'honneur d'estre

Monseigneur

Votre très humble et très
obeissant serviteur.

PREFACE

La curiosité est une vertu et non un vice lorsqu'elle est bien dirigée et qu'elle a pour objet les sciences et l'histoire ; c'est elle qui nous donne ce premier mouvement qui nous porte à l'etude, sans laquelle nous croupirions dans l'ignorance avec laquelle nous sommes nés. C'est un problesme qui fait encore la matiere d'une grande question dans l'Ecole de sçavoir si Adam le premier de tous les hommes formé immediatement de la main de Dieu, a eu les sciences infuses, mais ce n'en est point un ; et c'est un fait constant que tous les autres hommes n'ont de lumières et de sciences que celles qu'ils ont aquises par l'étude. Cette curiosité si necessaire a l'homme a son commencement et son accroissement, elle ne l'excite pas d'abord a porter ses vues sur les objets eloignés ; il commence par les jetter autour de luy même. En sorte qu'un homme prevenu de cette noble passion qui est son apanage, selon l'expression d'un auteur moderne [1], se considere premierement soy même et ensuitte les choses qui l'environnent, pour de la aller en avant.

Il n'y a aucune connaissance plus digne de la curiosité des hommes que celle de l'histoire de leur Pays ; que

---

[1] Gayot de Pitaval, causes celebres, Tome XI, page 220.

m'importe de sçavoir l'histoire des Indes si j'ignore celle de ma patrie, je suis dispancé de repondre sur la première et je ne puis sans rougir, refuser de rendre raison des differents evenements de la seconde. La connoissance de l'histoire de notre pays, nous rend present le temps passé, elle nous rend si on peut ainsy parler, contemporains de nos ayeux et enfin elle nous fait vivre par anticipation sur notre propre naissance. Je sçay que rien n'est si difficille que depenetrer dans l'antiquité pour y trouver les epoques certaines de la fondation des villes, on marche presque toujours dans l'obscurité, tant sur le fait que sur l'etimologie, heureux celuy qui doué d'un dicernement juste et sollide, peut distinguer le vray d'avec le faux. Je ne me flatte pas d'estre de ce nombre, au contraire, je conviens que j'aurais besoin d'un guide pour me conduire dans une carrière si epineuse. Independamment de cette dernière refflection qui semble s'oposer a mon dessein j'essayrai a faire quelques recherches sur les principaux et differants evenements qui se sont passés dans la ville de Chatellerault depuis sa fondation jusqu'a present. Je suivray le canevas que Monsieur Le Nain Intendant de cette province, m'a fait l'honneur de me donner comme la regle la plus sure que je puisse choisir. Je ne diray rien de mon chef, j'auray soin de citer mes garands et si je dis quelque chose par conjecture, j'expliqueray le fondement sur lequel je l'auray fait, je raporteray les faits simplement et avec le plus de precision qu'il me sera possible.

La partie de cette histoire qui traitte de nos anciens vicomtes est très seche je l'avoue. Il auroit esté de regle de faire celle de chacun de ces seigneurs et de raporter les circonstances de leur avenement a cette dignité ; quelque recherche que j'aye pu faire il ne m'a pas esté possible d'y parvenir, je ne connois aucun autheur qui en ait traitté et sans un usage dans lequel estoient anciennement les Roys, les princes et les grands seigneurs de faire souscrire les traittés de paix et d'alliance, les contrats de mariage, les testaments, tous les autres actes de consequence et specialement les fondations et donations qu'ils faisoient aux eglises, par les seigneurs leurs voisins ou leur vassaux, il n'auroit peut estre jamais esté question de nos anciens vicomtes. Ce sont ces actes qui, quoiqu'ils leur fussent etrangers en ont conservé la memoire. En sorte que lorsque je trouve une chartre faitte en faveur d'une abbaye ou autre benefice, par quelque seigneur et seulement souscrite par un autre seigneur comme tesmoin qui prend la qualité de Vicomte de Chatellerault, je suis en droit de dire qu'en tel temps, un tel seigneur etoit Vicomte de Chatellerault. C'est peu de chose a la verite, c'est tout ce que j'ay pû faire et cependant assés pour donner occasion a quelquautre de faire dans la suitte des recherches plus etendues que celles contenues dans ces memoires.

Histoire de la Ville

de

Châtellerault

Chatellerault, capitalle d'une petite province sittuée sur
la riviere de Vienne dans une plaine a sept lieues de Poitiers, est ordinairement confondue dans celle du Poitou,
elle est de la generalité et de l'Eveché de Poitiers.

Elle est limitrophe des provinces de Poitou qu'elle touche du costé du midy, d'Anjou, de Touraine au septen-
trion et du Berry au levant.

Elle est tres propre par sa sittuation a y faire un commerce assés etendu, si le genie des gens du pays y avoit
eté cy devant aussi porté qu'il commence a l'estre aujourdhuy par plusieurs negotiants qui se donnent mutuelle-
men. de l'emulation, s'il augmente comme il y a lieu de
l'esperer, cette ville deviendra de plus en plus considerable.

La commodité de la riviere qui porte des bateaux de
la même charge que ceux qui sont sur la Loire a commencer precisement et seullement du port de cette ville
ou elle est grossie par le confluent de plusieurs petites

rivieres, mais principallement du Clain qui passe par Poitiers, tombe dans la Vienne a un quart de lieue au dessus de Chatellerault ; l'Envigne, l'Ozon et autres petits ruisseaux s'y joignent aussi.

Cette ville est sittuée sur un des plus grands passages et des plus grandes routes du Royaume puisqu'elle se trouve sur celle de Paris en Guyenne et en Espagne.

La Vienne en descendant, reçoit les eaux de la Creuze au lieu appelé le *Bec des deux Eaux* a quatre lieues de Chatellerault, ce qui l'augmente considerablement. Elle se jette elle même dans la Loire au lieu appelé *Candre* a quatorze lieues de Chatellerault, en sorte que cette ville communique par sa riviere, a Saumur, Angers, Nantes et plusieurs autres villes qui sont sur la Loire en la descendant et par consequent jusqu'a l'Ocean et a l'etranger, et en la remontant a Tours, Blois, Orleans et a Paris par les canaux d'Orleans et de Briare.

Le pays est tres beau, bien planté et tres agreable depuis Poitiers jusqu'au Port de Pille, ou l'on marche toujours dans une plaine etandue et bornée a droite et a gauche de tres beaux cotteaux chargés de vignes, d'arbres fruitiers et de bois futais.

L'air y est tres sain et tres vif ; ces cotteaux se couppant en differents endroits donnent des echappées de vues magnifiques.

Ils sont ornés de beaux chateaux et en tres grand nombre a droite et a gauche : ils sont plus superbement bastys que leur revenu ne semble l'annoncer, ce qui est occasionné par les perspectives charmantes qui s'y trouvent et le peu de depenses que coustent les batimens ; tous les materiaux y etant a bon compte. C'est le temoignage qu'en donne Louis 11 dans ses lettres patentes du mois de decembre 1482 ainsy qu'on le dira cy après. Cette pleine et

les cotteaux si gracieux sont plus agreables a la vûe qu'ils ne sont utiles par leur peu de fertilité. Ils rapportent cependant presque toutes les denrées necessaires a la vie comme bleds de toute espece, vin, chanvres et fruits de toutes especes et tres excellens et des legumes de bonne qualité ; mais en quantité a peine suffisante pour la consommation du pays a l'exception de legumes et chanvres dont ils font part à leurs voisins.

Le gibier y est excellent mais dans une modique quantité. Cette commodité de trouver un peu de tout ches soy qui paroist un avantage aux yeux du public, est la source de la pauvreté des gens du pays qui restent dans l'indollence.

Les bons pays sont ceux qui ont abondance d'une espece de denree et disette de toutes les autres, la necessité de ce pourvoir de celles qui leur manquent, les engagent a chercher la deffaite de leur superflu et c'est ce qui opere le commerce si necessaire a cet etat dont il est le nerf et si utile a chaque particulier qui le fait. Tels que soient les cotteaux et les plaines dont je viens de parler, encore valent-ils mieux que le reste du pays qui les environne, qui ne consiste qu'en brande, bruyeres, surtout du coté du levant et terres incultes, dont les productions sont peu de choses et de sy mauvaise quallité qu'on ne peut y ellever des bestiaux.

On a dit cy dessus que la ville de Chatellerault étoit capitalle d'une province particulliere qui porte son nom d'ou dependent et relevent environ soixante paroisses, y compris les cinq de la ville et quelques enclaves.

Cette ville est sittuée precisement dans le milieu de son territoire qui a sept a huit lieues de diamètre en tous sens ; ce fait tout averé qu'il est, pouvant trouver des contradicteurs, il est bon d'en rapporter icy les preuves.

Il est constant que les provinces se distinguent par gouvernements et lorsque le Roy donne celuy d'une province a un seigneur, la province est seullement nommée et specifiée par ses lettres, sans entrer dans le detail des villes qui la composent et lorsqu'il plaist au Roy de donner plusieurs gouvernements a un même seigneur, toutes les provinces y sont denommées chacune en particulier et par son nom.

Ce qui nous le démontre particulierement c'est que lorsque Sa Majesté a donné le gouvernement du Poitou a S. A. S. Monseigneur le prince de Conty ainsy qu'a tous ses predecesseurs, Sa Majesté y a ajouté distinctement celui du Chatelleraudois en ces termes : *Nous avons nommé notre tres cher et tres amé cousin Louis François de Bourbon prince de Conty et prince de nostre sang a la charge de gouverneur et de Lieutenant Général* (¹) *du haut et bas Poitou, Chatelleraudois, etc.*

Par consequent le Chatelleraudois est un gouvernement particulier et de province. *Particulier* en ce qu'il est expressement denommé, ce que ne sont point les autres villes de Poitou et sans laquelle dénomination S. A. S. ne seroit point gouverneur du Chatelleraudois ? *De province* en ce qu'il a un gouverneur particulier nommé par le Roy pour la ville de Chatellerault; non seullement ce n'est pas de cette ville dont S. A. S. Monseigneur le prince de Conty est nommé gouverneur, mais aussy du Chatelleraudois comme du Poitou.

Une autre prerogative est que toutes les fois qu'on a tenu les Etats Generaux en France, Chatellerault en quallité de province y a envoyé ses députés des trois corps *(Rapin, Recueil des Etats tenus à Paris en 1614).*

(¹) Les *Lieutenants Généraux* d'une province étaient chargés de l'administration de cette province sous l'autorité des Gouverneurs. *(Chéruel* — Dictionnaire des Institutions de France).

Le Senechal du Chatelleraudois a droit de convoquer la noblesse du Chatelleraudois et de la commander lors des des convocations du ban et arriere ban.

A quoy on peut ajouter que le pays Chatelleraudois a quelques articles de coutume localle distincts de celle du Poitou et qu'il y avait cy devant une marechaussée provincialle dont le chef prenoit la quallité de vice Senechal, prerogative a la verité que quelques autres villes qui ne se quallifient pas capitalle de province, ont de commun avec celle-cy, ce qui n'est raporté que pour fortiffier la premiere preuve quoy que d'elle même elle soit indubitable.

Le dommaine de cette ville faisoit autrefois partie du Comté du Poitou ; il en fut séparé par un partage et donné a un Cadet, ce que l'on apprend d'un titre qui est au Tresor de Chatellerault, qui s'appelle le *Livre Noir* (¹) et qui est le titre le plus autentique qu'il y ait dans le Tresor et voicy les termes : *Pour connaistre comme le vicomté de Chatellerault est tenu a scavoir est que d'ancienneté le vicomté vient par partage freral du comté de Poitou et fust tenu au commancement en partage pour raison de prochaineté de Lignage, car le Comte de Poitou et le Vicomte de Chatellerault qui pour lors etoient et furent freres, etc.*

(¹) Le *Livre Noir* est un volumineux cartulaire qui avait disparu des archives de la ville de Châtellerault et qui se trouve à la Bibliothèque Nationale *(Fonds Français, n° 8.817)* ; c'est l'ancienne Pancarte de la Vicomté de Châtellerault. M. Alfred Barbier en a donné de nombreux extraits dans les Mémoires de la Société des Antiquaires de l'Ouest ; il ressort de son travail que le Livre Noir a été rédigé entre 1422 et 1445.　　　　　　　　　　　　　　　　　　C. P.

Il conviendrait de raporter les noms des comtes et vicomtes qui ont fait ce partage et le temps ou il a eté fait, mais le titre qu'on raporte n'en dit pas davantage et n'a luy même aucune datte ; on croit qu'il est compillé dans le quatorzieme siecle. Une autre preuve de ce fait est que le Vicomte de Chatellerault étoit le Marechal du Comte de Poitou ; qui en cette quallité commandoit les communes de Poitiers lorsqu'elles servoient le Comte de Poitou lorsqu'il avoit la guerre entre les rivieres de Loire et de Dordogne et prenoit tous droits gages et proffits appartenant a l'office de Marechal ; ces communes marchoient sous sa banniere, dans laquelle etoit les armes de la ville de Chatellerault qui etoient les mêmes que celles de la ville de Poitiers qui porte *d'argent a un Lyon de sable rampant, au chef cousu d'azur a trois fleurs de lis d'or rangées en face ;* celles de Chatellerault sont pareilles a cette difference seullement que la bande est chargée de besans de gueulle. Ce qui est tiré d'un aveu rendu par Louis d'Harcourt Vicomte de Chatellerault à Jean Duc de Berry et d'Auvergne, comte de Poitou qui etait frere du Roy Charle cinquieme, qui lui avait donné en appanage le Comté de Poitiers, cet aveu est du 15 feuvrier 1407. J'ai eté embarrassé pour savoir sous quelle époque je rangerois ce fait n'en trouvant point de certaine, d'ailleurs etant un fait particulier, j'ay cru pouvoir le mettre icy.

C'est a une lieue au dessus de cette ville, proche un village appelé *Cenon* qu'on prétend qu'une biche servit de guide aux soldats de Clovis pour passer la riviere de Vienne en leur montrant le gué, lorqu'ils allerent combattre Alaric roy des Visigoths. C'est aux environs de ce même lieu que subsiste encore une vieille mazure qu'on appelle le *Vieux Poitiers* (1) et ou l'on tient que la ville de Poitiers etoit batie. avant d'etre ou elle est a present, ce que je me propose de traiter ailleurs plus amplement.

La ville de Chatellerault a porté successivement les titres de Vicomté et de Duché Pairie ; ainsy qu'on l'expliquera cy après.

Toutes les villes du monde n'ont pas l'avantage de celles du premier ordre comme Rome, Paris et autres villes illustres dont l'antiquité toute fabuleuse qu'elle est, passe neanmoins pour constante a force d'avoir eté raportée et repetée par differents auteurs, tous sur la foy les uns des autres ; celles du second ordre dont quelques unes ont peut estre autant et plus d'antiquité que les premieres, sont cependant obligées de laisser en arrière plusieurs siecles pour ne commencer a paroistre que longtemps apres leur fondation ? Parce que l'on n'en a pas de preuves

---

(1) Les ruines du *Vieux Poitiers* existent encore, elles se trouvent sur la commune de Naintré près du village de Chezelles sur la rive gauche du Clain ; c'est une construction romaine qui remonte au IIe siècle de notre ère. Près des ruines, au midi, il y a un vallonnement circulaire qu'on croit avoir été un cirque, à l'ouest on rencontre un menhir portant une inscription celtique et dans le voisinage on aperçoit au fond du Clain, les vestiges d'un pont, près du village des Bertons ; on trouve aussi tout autour des ruines, des vases, des fragments de marbre et de sculptures, des monnaies ; enfin plusieurs voies romaines aboutissaient au Vieux Poitiers. Tout concourt donc à prouver l'existence en cet endroit, d'une ville bâtie pendant l'occupation romaine, mais cela ne veut pas dire que la ville de Poitiers n'existait pas déjà et depuis longtemps où elle est actuellement. On suppose que le Vieux Poitiers aurait été détruit sous le règne de Dagobert Ier, en 635.　　　　　　　　　　　C. P.

certaines on n'auroit pas pour elles les mêmes egards que pour les autres. Il faut des garands des faits que l'on avance a leur avantage, ce qui oblige les auteurs surtout dans ces tems critiques a raprocher leurs epoques a des tems connus et incontestables.

La ville de Chatellerault dont on se propose de raporter la fondation et les principaux faits qui la concernent, a eu le sort de changer de nom et d'y souffrir en differents tems de l'alteration, comme toutes les autres anciennes villes du royaume ; quelques uns ont pretendu qu'elle est plus ancienne que le regne du Grand Clovis et cela sur un fondement asses sollide, quoyque, à la verité, sous un autre nom.

Ptolomée dans sa Cosmographie (L. 4. chap. 7) fait mention d'une ville sittuée dans la Gaule Aquitanique laquelle s'appelloit *Limonum* et c'est certainement celle que l'on nomme aujourd'hui *Chatellerault* du nom d'un seigneur du lieu, comme, on le dira cy après.

Cette ville existait environ l'an 153 de l'ère chretienne, puisque c'etoit le temps ou vivoit Ptolomée ; Calpin definit cette ville : *Limonum oppidum Pictonum in Gallia Acquitanica.* C'étoit une ville de Poitou sittuée dans la Aquitanique, c'est a dire qu'elle n'etoit pas tout a fait dans la Gaule ny tout a fait dans l'Aquitaine, mais entre l'une et l'autre, à la fin de la Gaule et au commencement de l'Aquitaine, aux extremités de l'une et de l'autre.

Il ne faut pas estre tres versé dans la geographie pour concevoir que cette sittuation ne peut convenir qu'a celle ou est actuellement Chatellerault. D'ailleurs nulle autre ville en Poitou ne reclame ce nom. Cependant s'il restoit encore quelque doute la dessus, il va s'eclaircir par le tesmoignage d'un auteur respectable ; c'est le R. R. P. P. Pajot jesuite qui dans son dictionnaire, franchit le mot et

parle sans équivoque ; il appelle Chatellerault *Limonum*
nunc *Castrum Heraldium*, c'est a dire que la ville qui
s'appelle aujourdhuy *Chatellerault* s'appelloit autrefois
Limonum ; il n'entre pas dans la chronologie, mais rapro-
chons ce temoignage du texte des auteurs cy devant
raportés, il ne restera aucun doute que Chatellerault n'ait
subsisté sept a huit cens ans sous le nom de *Limonum*
avant de porter celuy de *Chatellerault* (¹).

Quand a l'etimologie, elle a eté appelée *Limonum* de
Limo parce que la riviere de Vienne sur les bords de laquelle cette ville est bastie, etant sujette a des crues et
debordemens considerables, par la fonte des neiges du
Limousin d'ou elle tire son origine, entroit dans la ville
et en se retirant, y laissoit quantité de boue et de limon
dont on a fait par une legere addition de lettres *Limonum*,
ainsy Paris a tyl eté appellé *Lutetia* a *Luto* etimologie assurement plus forcée que la notre.

Cette ville a porté ce nom pendant plus de sept siècles
sans qu'il nous paroisse d'evenemens considerables, du
moins n'en ay-je trouvé aucun vestige ; mais ce qui nous
paroit de plus certain dans l'antiquité, c'est que le seigneur
Herault fit bastir un chateau (²) au lieu ou est actuelle-

(¹) L'auteur se trompe et il a été induit en erreur par le
R. P. Pajot en qui il a eu confiance, car jamais le nom de
Limonum n'a été attribué à Châtellerault ; il est reconnu
qu'il s'applique à Poitiers ; tout au plus a-t-il pu être inter
prété comme désignant le *Vieux Poitiers* qui est à peu de
distance de Châtellerault.   **C. P.**

(²) Il n'existe plus aucune trace de cet *ancien château*, qu'on
appelait le *Château Vieil*, et qui devait être bâti aux environs
de la rue du *Vieux Palais*, auquel il a donné son nom.

Son enceinte fortifiée était probablement limitée par cette

ment la ville de Chatellerault et qui subsiste encore et qui sert de prisons aux gabelles (¹), auquel il donna son nom comme c'étoit l'uzage du temps ; *Chatel Herault, castrum Heraldi.*

Il y avoit des ce temps la une quantité assés considérable de maisons pour former une ville, mais l'agreable sit-tuation du lieu, sa commodité et les soins dudit seigneur *Herault,* y attirerent plusieurs habitans qui y bastirent des maisons et la grossirent considerablement, ce qui au lieu d'une petite qu'elle etoit en forma une beaucoup plus grande à l'augmentation de laquelle on ne peut cependant donner d'epoque certaine ; mais les dignités dont elle a eté revetue ont assés d'antiquité pour luy faire honneur.

---

même rue du Vieux Palais, la rue Sully, la rue Auger Gaudeau et la rue Neuve du Bâtardeau. En 1738, époque à laquelle l'auteur écrit, comme on le verra plus loin, il existait encore *un mur à machicoulis* à l'emplacement de la route nationale, le long de la rue Auger Gaudeau, et une tour appelée la *Tour des Sauniers,* au bout de cette rue.   G. P.

(¹) On appelait *Gabelles,* l'Administration chargée de la vente et de l'impôt du sel.

Chronologie historique
des Vicomtes & des Seigneurs
apanagistes & engagistes
de la Ville & Duché de Chatellerault

———

Raoul. — La ville de Chatellerault a eté honorée de differentes dignités : Premierement de Vicomté et ensuite de Duché Pairie ; elle fut erigée en Vicomté, environ l'an 900 qui est a peu près le tems de l'erection des Vicomtés, ce qui marque qu'elle étoit des ce temps la, tres considerable. Et quoyque l'on ne cotte pas precisement l'année de cette errection, il faut absolument que ce soit pres de ce tems puisqu'en 936, *Raoul* ([1]) étoit Vicomte de Chatellerault et souscrivit en cette quallité avec Guillaume

———

([1]) Le père Fleury, dans son Mémoire sur la Ville et les seigneurs, vicomtes et ducs de Chastelleraud, désigne ce vicomte sous le nom d'*Airaud* (Adraldus).

second, dit Teste d'Etoupe, Comte de Poitou (¹), une charte
par laquelle Sesmonde, femme de quallité faisoit un don
considerable à l'abbaye de St-Ciprien de Poitiers.

Herault.—L'an 951 nous presente un autre Vicomte
de Chatellerault appellé *Herault*, quelques uns ont pré-
tandu que ce fust le Raoul cy dessus ; mais il y a plus
d'apparencé que ce fut son successeur ; on ne dit point a
quel titre ; si ce fust a titre successif ou autrement ; il y a
tout lieu de croire que ce fut par la nomination du souverain, d'autant plus que les vicomtes n'etaient pas hereditaires dans leur commancemement, au contraire ils
etoient amovibles et ceux qui en etoient pourvus estoient
destituables a la volonté du souverain : leurs fonctions
etoient de rendre justice aux sujets et de commander les
troupes de leur Vicomté. C'est par cette raison que nous
trouverons dans la suitte des Vicomtes de differents noms
Il est cependant vray que dans la suitte des tems, les
ducs, comtes et vicomtes s'emparerent, les uns de la proprieté et les autres de la souveraineté de leurs gouvernements.

Cette ville a eu plusieurs vicomtes et sans interruption
je les raporteray icy les uns apres les autres, par une suitte
purement chronologique qui paroistroit peut estre inutile
sy elle ne conduisoit a des faits particuliers qui font tant
d'honneur a cette ville que ce seroit certainement luy
faire tort et trahir mon ministere de les laisser sous silence. On en verra l'importance dans la suitte par les
alliances que les dits seigneurs vicomtes ont prises avec
tous les potentats de l'Europe dont quelques uns ont eux
même fait partie. Ce détail etablira d'ailleurs les droits du

---

(¹) *Besly*, page 249, Cartulaire de l'abbaye de Sᵗ-Ciprien
de Poitiers. — *Note de Roffay*.

Roy sur la ville de Chatellerault qui fait partie du domaine de sa Majesté et qui n'en a esté distraite que par engagement et a la charge de rachapt perpetuel.

Ecfroy Iᵉʳ. — *Ecfroy premier* succeda au seigneur Herault en 986, sans que ll'histoire nous dise a quel titre. Il l'etoit encore les années 990 et 998 ainsy qu'il est raporté dans une charte de St-Ciprien citée par Besly.

Bozon Iᵉʳ. — *Bozon premier,* frère ou neveu d'Ecfroy, on ne sait precisement, lequel succeda au dit Ecfroy en 1004, il y a apparence qu'il étoit son frère *(Cartulaire de Bourgueil et Besly).*

Ecfroy 2 — *Ecfroy 2* succeda a Bozon l'an 1006 et signa en cette qualité de Vicomte de Châtellerault une charte de Sᵗ Ciprien. Il l'étoit encore en 1020 et 1031 *(Besly)* suivant les différentes chartes données en faveur de la ditte abbaye, es dittes années.

Hugue. — *Hugue* succeda à Ecfroy 2 son père et jouit longtemps de cette Vicomté puisque nous le trouvons dans une charte, de la fondation des religieuses de Saintes en 1047 avec Roux de Châtellerault que l'on croit estré son frere. Il l'etoit encore en 1065 et au dela. Il a aussy signé une charte pour Bourgueill en cette même quallité en 1066. Il y en a plusieurs de ce nom *(Besly).*

Eglise Saint-Jacques. — En 1066, Izambert 2ᵉ, 57ᵉ evesque de Poitiers, fonda et dotta l'Eglise paroissiale de Sᵗ Jacques (¹) de cette ville dont il donna l'institution à

(¹) *L'Eglise Saint-Jacques* ne fut terminée que vers la fin du XIIᵉ siècle. Elle se composait d'une nef, de deux bas-côtés et d'un transept avec une abside principale et deux absides secondaires qui existent encore.

La façade était surmontée à droite d'une tour supportant un clocher couvert en ardoises et à gauche d'une autre tour

l'abbé de St Savin *(Ste Marthe, Gaule chrétienne)* qui luy fut confirmée par Pierre second son successeur a l'Episcopat de Poitiers. *(Dubouchet, Annales d'Aquitaine).*

Bozon 2. — En 1090, *Bozon 2e* se trouve Vicomte de Chatellerault *(Les Ste Marthe)*, sa femme s'appeloit Aenor.

Eglise de Saint-Romain. — L'Eglise de St Romain subsistait pour lors même longtems devant sous le titre d'Abaye *(Chronique de Mailzais)*, mais ruinée et abandonnée par les religieux que l'on croit avoir esté benedictins. Bozon et **Aenor** son epouse la retablirent et luy assignerent de nouveaux revenus, en sorte qu'ils en sont reputés les fondateurs quoyqu'ils n'en soient que les restaurateurs ; ils en firent don à l'abbé de St-Ciprien les Poitiers, en la personne de Regnault 2e, 17e abbé de St-Ciprien qui reduisit la ditte abbaye en prieuré comme il est encore a present.

Salomon. — *Salomon* etoit Vicomte de Chatellerault en 1110 *(les Ste Marthe)* même longstems devant. Il etoit un des fondateurs des *religieuses de Gironde*, Ordre de Fontevrault avec Renault de Piollant et Hugue^s de Vivonne, sittuée a 3 lieues de cette ville au lieu actuellement appellé Lencloistre, paroisse de St-Genest, c'est une communauté qui a conservé toute la ferveur de son institution et qui est reconnue pour telle dans tout l'ordre. Il est parlé de cette fondation dans la bulle de confirmation de l'ordre de Fontevrault, par le Pape Caliste second, dans laquelle il quallifie le dit Salomon d'homme de la

---

où était placée l'horloge de la Ville. Au XIXe siècle, la façade ainsi que les deux tours ont été démolies et reconstruites ; seule la porte d'entrée a été conservée.　　　　C. P.

Vicomtesse de Chatellerault ; ce terme susceptible de differentes interpretations, donne lieu de doutter si Salomon
étoit mary de la Vicomtesse de Chatellerault et par la
Vicomte ou syl etoit son vassal ; il est vraysemblable qu'il
etoit son mary.

En 1119, *Hildegarde* Comtesse de Poitou se transporta
a Reims (1) ou le Pape Caliste 2e presidoit a un concille
qu'il y avoit convoqué, auquel elle porta ses plaintes de
ce que Guillaume 8, Comte d'Artois, son mary, l'avoit
repudiée et pris pour concubine *Malabergeon* femme du
Vicomte de Chatellerault dont l'histoire pour lors, plus
sage que celle d'aujourdhuy, nous a teu le nom pour luy
en epargner l'infamie *(Besly)*. On conjecture cependant que
c'est le Salomon dont il est parlé cy dessus ; cet evenne-
ment mortiffia les Chatelleraudois qui quoyque cet exemple ne soit pas l'unique ches eux, ont cependant l'honneur
en tres grande recommandation. L'humiliation que reçut
cette ville dans la personne d'une de ces vicomtesses, fut
reparée avec uzure dans celle d'une fille d'un de ses
vicomtes, laquelle a eu l'honneur de donner des Rois a la
France, des Empereurs a l'Orient et a l'Occident, des
Roys a l'Espagne et a l'Angleterre ainsy que nous l'expli-
querons dans la suitte.

En 1122 *(Besly. — Histoire des Comtes du Poitou)* ou
meme plustot, *Guillaume 9e* duc de Guienne dit communement le Saint, fils de Guillaume 8e, epousa Aenor de
de Chatellerault, sœur du vicomte de ce lieu qui a plus fait
d'honneur et illustré la ville de Chatellerault qu'aucune
princesse ait jamais fait a sa patrie. Et comme il ne faut

---

(1) Orderic Vital, moine de l'Abaye de St-Buroul en Normandie, Liv. 12 de son histoire Ecclesiastique. — *Note de
Roffay.*

laisser aucune suspission sur un fait si interessant, on raportera les termes d'une chronique de Limoges (*Chronique de Limoges de Ribier*), qui dit sous l'an 1137, que Guillaume 9e avoit eu sa fille de *sorore vicecomitis de Castroairau.* En effet de ce mariage sortit Alienord ou Eleonord, c'est ainsy que la nomment les historiens modernes.

En 1130 *(Charte de Ste-Radégonde), Pierre* de Chatellerault, frere d'Aenor fut fait Evesque de Poitiers *(Charte de St-Hilaire de la Celle)* en la place de Guillaume Adelelme chassé de l'Evesché de Poitiers par le Comte Guillaume, mary d'Aenor *(Ménage. - Arbre généalogique des Comtes de Poitou)*, a l'instigation de Girard, Evesque d'Angoulleme *(Charte de l'abaye de Nieul sur l'Autize)*, légat de l'Antipape Anaclet dont Guillaume etoit fauteur a cause que le dit Adelelme etoit dans la Communion du Pape Innocent 2e comme toute la France mais Guillaume Adelelme rahtra dans son Evesché dont Pierre de Chatellerault fut chassé a son tour *(Ste-Marthe. — Gaule chrétienne)*.

En 1137, *Louis 7 dit le jeune,* roy de France epousa *Alienor* fille du Comte de Guyenne et d'Aenor de Chatellerault *(Besly)*, c'est cette princesse qui apporta en dot au Roy la Guyenne et le Poitou *(Mezeray)* ; ce n'est pas un petit avantage pour la ville de Chatellerault d'avoir vu naistre dans son sein, une princesse qui a été mère d'une reine de France et de qui sont sortis des rois de France des empereurs d'Orient et d'Occident et des roys d'Espagne et d'Angleterre et plusieurs autres souverains.

Ce mariage si avantageux a la France n'a pas eu les suites heureuses qu'on était en droit d'en attendre.

Alienor. — La reine Alienor etoit bien faite, spirituelle et coquette *(le père Daniel)*, et comme si ses galentries n'avoient pas eu un theatre assés spacieux dans l'Europe elle les fit eclater dans l'Asie ou le Roy l'avoit menée a l'occasion d'une croisade. Quelques autheurs *(Baile, Meze-ray, Branthôme)*, l'accusent de s'estre livrée a un libertinage honteux et d'avoir trahi les interests des chretiens ; M. de Larrey la defend assés bien.

De ces accusations atroces, ce qui est certain cependant, c'est qu'elle ne se conduisit pas avec assés de retenue a l'egard du Soudan Saladin ou du prince d'Antioche et qu'elle donna trop de pretexte a des soubçons injurieux *(Le pere d'Orleans — Le pere Daniel — Besly — Dubouchet)*. Louis 7, pour empecher les suittes de ses intrigues fut contraint de quitter Antioche et d'user de stratageme pour l'enlever et l'obliger a le suivre en France.

Le Roy plus jaloux que politique poursuivit vivement la dissolution de son mariage avec Alienord *(Mézeray. — Le Pere d'Orleans)* et l'obtint sous pretexte de parenté, par la sentence des prelats du royaume qu'il avoit assemblés a Beaugency a cet effet, en datte du 18 may 1152. La reine avoit desiré sa separation avec un epoux qu'elle meprisoit *(Mezeray)*, elle en fut cependant si vivement piquée, qu'elle desherita les deux princesses qu'elle avoit eu de son mariage avec Louis 7 et elle epousa deux mois apres cette separation, le plus dangereux ennemy de la France, auquel elle aporta en dot ses etats que le roy luy avoit restitués de bonne foy *(Le Pere d'Orleans — Vie de Louis 7)*.

Henry second, roy d'Angleterre prefera sans scrupule les interests de sa grandeur a la honte d'epouser une princesse repudiée, il estoit pour lors comte d'Anjou, duc de Normandie et heritier presomptif de la Couronne d'Angleterre dont il jouit deux ans apres sous le nom d'Henry second. Il sacrifia le point d'honneur a l'ambition, il se

rendit avec une extreme diligence a Bourdeaux pour con-
clure un mariage qui luy donna des droits si funestes a
la France.

Alienord n'eut pas lieu d'estre satisfaitte de son second
mariage, elle fut aussy jalouse de son second mary que
je premier l'avoit esté d'elle. Le peu de respec qu'elle
avoit tesmoigné pour les droits du Trosne et pour ceux
du lien conjugal, en prenant le party de ses enfants révol-
tés contre leur père, fournirent a Henry un pretexte pour
se debarrasser de ses inquietudes (*Larrey*), il la fit enfer-
mer dans une etroitte prison ou elle resta pendant seize
ans, c'est a dire jusqu'à la mort de ce prince arrivée en
1188,

Elle recouvra pour lors sa liberté, elle fit des voyages
dans toute l'Europe ou elle fomentoit des intrigues pour
satisfaire son esprit jaloux, inquiet, ambitieux et vindi-
catif. Après avoir entretenu les guerres pendant plus de
60 ans, elle mourut le 31 mars 1204, agée de 80 ans,
laissant entre la France et l'Angleterre une haine qui a
duré près de trois siecles (*Le père Labbé.* — *Le pere Anselme.* — *Mornay*).

Elle voulut être enterrée a Fontevrault et fit beaucoup
de bien a ce monastere ou elle prit le voile. Le necrologe
de cette maison la combla de louanges accordées a la reconnoissance plutost qu'a la verité (*Le Docteur de la main
ferme.* — *Necrologia fontis heraldi*).

Les eloges que Tossius donne a son erudition et a son
esprit ont plus de fondement ; les lettres qu'elle ecrivit au
pape Celestin 3, a l'empereur Henri IV et a quelques autres Souverains en] sont une preuve incontestable (*De
philologia*).

La posterité de cette princesse a donné des empereurs
a l'Orient et a l'Occident, des Roys a la France, a l'Espa-

gne, a l'Angletterre et a plusieurs autres monarchies comme on l'a cy devant dit. Elle eut de son second mariage plusieurs enfants masles qui furent successivement Roys d'Angleterre et plusieurs filles qui furent mariées, sçavoir :

1° Eleonord, mariée a Alfonse 9ᵉ Roy de Castille ;

2° Une autre mariée a un empereur de Constantinople;

3° Mathilde ou Mahaut mariée a Henry dit le Lion, duc de Saxe dont elle eut Othon duc de Guienne empereur d'Occident ;

4° Jeanne mariée a Guillaume Roy de Sicile et en secondes noces a Raimond 6ᵉ Comte de Toulouse duquel mariage sortit Raimond 7ᵉ père de Jeanne qui fut femme d'Alphonse Comte de Poitou, frere du Roy St Louis.

Or du mariage d'Eleonord d'Angleterre fille d'Alienord et de Henry deux roy d'Angleterre contracté avec Alphonse 9ᵉ roy de Castille, sortirent entre autres, Blanche, femme de Louis 8ᵉ Roy de France et Berangere qui epousa le roy de Leon nommé Alphonse. De Blanche et de Louis 8ᵉ sortit Saint Louis; par le moyen desquelles alliances Aenor de Chatellerault a eté trisayeule de St Louis, vu que Blanche sa mère etoit fille d'une Eleonord fille de la ditte Alienord (*Ste Marthe.— T. 2. Liv. 23, 24, 25 et 28*).

Par consequent la ditte Aenord de Chatellerault est la 19ᵉ ayeule paternelle et la 21ᵉ ayeule maternelle de Louis 15ᵉ notre invincible monarque actuellement reignant suivant ce qu'il paroist par la Genealogie cy raportée :

Aenord de Châtellerault
femme de Saint Louis 9e duc de Guyene

<table>
<tr><td>

19ᵉ Ayeulle de Louis 15 du *costé paternel :*

1° Alienord femme d'Henry 2ᵉ Roy d'Angleterre.
2° Eleonord, femme d'Alphoncé 9ᵉ Roy de Castille.
3° Blanche.
4° St Louis Roy de France.
5° Robert Comte de Clermont.
6° Louis premier duc de Bourbon.
7° Jacques de Bourbon Comte de la Marche.
8° Jean de Bourbon, Comte de la Marche et de Vandosme.
9° Louis de Bourbon, Comte de Vandosme.
10° Jean de Bourbon 2ᵉ Comte de Vandosme.
11° François de Bourbon Comte de Vandosme.
12° Charles de Bourbon 1ᵉʳ duc de Vandosme.
13° Antoine de Bourbon duc de Vandosme, Roy de Navarre
14° Henry quatre Roy de France et de Navarre.
15° Louis 13 Roy de France et de Navarre.
16° Louis 14 Roy de France et de Navarre.
17° Louis, dauphin de France appellé Monseigueur, fils de Louis 14.
18° Louis, dauphin de France fils de Louis Dauphin cy dessus et premierement duc de Bourgogne.
19° Louis 15 Roi de France et de de Navarre, actuellement regnant.

</td><td>

Et 21ᵉ ayeulle du *costé maternel :*

1° Alienord femme d'Henry 2ᵉ Roy d'Angleterre.
2° Eleonord femme d'Alphonse 9ᵉ Roy de Castille.
3° Berangere.
4° Ferdinand 3ᵉ Roy de Castille.
5° Alphonse 10 Roy de Castille
6° Sanché 4ᵉ Roy de Castille.
7° Ferdinand 4ᵉ Roy de Castille.
8° Alphonse 11 Roy de Castille.
9° Henry 2ᵉ Roy de Castille.
10° Jean 1ᵉʳ Roy de Castille.
11° Henry 3ᵉ Roy de Castille.
12° Jean 2ᵉ Roy de Castille.
13° Izabelle, Reine de Castille.
14 Jeanne femme de Philippe 1ᵉʳ.
15° Charle Quint Roy d'Espapagne.
16° Philippe 2 Roy d'Espagne.
17° Anne Reine de France.
18° Louis 14 Roy de France et de Navarre.
19° Louis Dauphin de France appellé Monseigneur fils Louis 14.
20 Louis Dauphin de France, fils de Louis Dauphin cy dessus et premierement duc de Bourgogne.
21° Le Roy Louis 15, Roy de France et de Navarre, actuellement regnant.

</td></tr>
</table>

Ces faits sont si importans et si interessans qn'ils autorisent cette espece de digression.

Reprenons notre histoire.

Hugues 2. — Il paroist que *Hugues second* etoit vicomte de Chatellerault en 1169, puis qu'il souscrivit en cette quallité une charte par laquelle Alienor donne le lieu appellé Benassé au chapitre de St Hilaire de Poitiers.

Guillaume. — En 1184 (¹), le seigneur *Guillaume* etoit Vicomte de Chatellerault. Il fit en cette année, une donation a l'Eglise de St Germain des prés.

Eglise Notre Dame. — En 1196, l'Eglise de N. D. de Chatellerault (²), qui n'etoit qu'une simple chapelie, fut erigée en Eglise Collegiale de chanoines, par Guillaume Evesque de Poitiers a la priere de Hugues de Surgere Vicomte de Chatellerault et d'autre Hugue doyen de St Hillaire de Poitiers qui en demanderent la permission a Pierre abbé de St Ciprien parce que la ditte chappelle etoit dans le territoire du prieuré de St Romain depandant de la ditte abbaye comme on l'a dit cy dessus.

Hugues 3. — Ce Hugues, fut vicomte de Chatellerault par la faveur de Philippe Auguste Roy de France qui luy fit epouser l'heritiere de ce vicomté.

Les Vicomtes de Chatellerault etoient en telle consideration a la Cour et dans tout le royaume, qu'il ne se trait-

---

(¹) Les Sᵗᵉ Marthe — Gaule Chr. An 66, Evesque de Poitiers. — *Note de Roffay.*

(²) *L'Eglise Notre Dame* était bâtie sur la place qui porte encore son nom et qu'on appelait alors le *plan* Notre-Dame, parce qu'il était planté d'arbres. Elle était située sur le territoire du Prieuré de Saint-Romain. Il n'en reste plus que l'abside qui a été transformée en maison d'habitation. G. P.

toit aucune affaire d'Etat qu'ils ny fussent appellés ; nous en rapporterons un exemple memorable.

Philippe Auguste Roy de France et *Richard sans terres* Roy d'Angleterre etant en guerre ; ils firent une treve le 26 octobre 1206, à Thouars (*Duchesne. — Histoire de Chateigners*), par un des articles de laquelle il fut stipulé que pour la sureté d'icelle elle seroit signée par les seigneurs les plus distingués du Royaume et notamment par le Vicomte de Chatellerault ; c'etoit quoy qu'il ne soit nommé que par sa quallité de Vicomte de Chatellerault, *Vicecomitis Castriheraldy* le même Hugues de Surgeres, puisqu'il l'etoit encore en 1210, ce qui paroit par un legs qu'il fit en cette année au Prieuré, hopital et aumosnerie de St Gille les Surgeres (*Cartulaire de St Gille*), pour reparation de quelque viollances puisqu'il dit que c'est pour faire prier Dieu, pour le repos des ames de ceux qui sont morts en ses prisons. Ces prieuré, hopital et aumosnerie sont a presant convertis en un couvent de minimes qui subsiste actuellement.

Aimery. — En 1220 (*Les Ste-Marthe*), le seigneur *Aimery* se trouve Vicomte de Chatellerault ainsy qu'il est porté dans une charte du Tresor de France en datte du mois de janvier 1220, donnée a Nogent et souscrite par le dit seigneur Aimery (*Duchesne. — Histoire de la maison de Chatillon*).

En 1235, le Vicomte de Chatellerault, souscrivit en la complainte adressée au Pape Gregoire 9 par les barons de France, sur le colloque tenu en l'abbaye de St Denis contre les prelats et leurs juridictions, leur nom n'est point raporté.

Je ne doy pas obmettre un fait d'importance qui concerne un vicomte de Chatellerault, lequel se trouvant dans l'armée de St Louis lorsqu'il donna bataille aux Anglois en 1240 *(Dubouchet. — Annales d'Aquitaine)*, lesquels secouroient le Comte de la Marche qui etoit rebelle au Roy, prit un cheval, des arnais et des armes semblable a celle du Comte Richard frere d'Henry et alla avec une hardiesse intrepide, sé mettre a la teste d'une troupe d'Anglois, qui le prenant pour celuy dont il portoit l'exterieur, le suivirent jusque dans le milieu des troupes françoises qui les renfermerent et prirent prisonniers 22 chevaliers de marque et 500 hommes d'armes, ce qui opera le gain de la bataille pour les François. Il est triste que l'auteur qui raporte ce fait ait tu ou ignoré le nom de ce vicomte qui peut estre et il y a toute aparence, le même que celuy cy dessus.

Jean Ier. — Nous trouvons qu'en 1242 *(Mémoires de N. D. de Chatellerault)*, *Jean* Vicomte de Chatellerault que l'on croit s'appeller Jean Hugues, epousa N... fille de Simon Comte de Dammartin et de Marie de Ponthieu, laquelle etoit fille de Guillaüme de Ponthieu qui en 1196 epousa Alix de France fille de Louis 7 dit le Jeune et de Constance sa seconde femme.

Geoffroy. — En 1259, *Geoffroy de Luzignan* ou de Lezignan en Angoumois fils du Comte de la Marche qui se revolta contre le Roy St Louis, se trouve qualifié de Vicomte de Chatellerault pour avoir epousé Clemence ou Agathe (¹) heritiere du Vicomté, laquelle etoit, ainsy qu'une appellée Jeanne, fille du Vicomte Jean. Geoffroy mourut sans laisser d'enfants de son mariage avec Clemence ou Agathe, lesquels par leur mort laisserent le Vicomté de Chatellerault a Jeanne *(Une charte d'Anjou de 1298).*

(¹) Besly dit Clemence, les Ste Marthe disent Agathe. — *Note de Roffay.*

Jean 2 d'Harcour.—Laquelle (Jeanne) l'an 1285 (*Duchesne.— Histoire de la maison de Chatillon*), epousa *Jean baron d'Harcour* 3ᵉ du nom qui fut par consequent Vicomte de Chatellerault, du chef de sa femme ; cette maison d'Harcour etoit desja tres illustrée, celuy dont il s'agit (1), fut fait *Marechal de France* (2) en la même année 1285 et grand admiral l'année suivante. Il mourut en 1302 et laissa un fils, nommé comme luy Jean. Une chose singuliere c'est que quelques historiens ont appellé cette Jeanne, Jeanne d'Harcour, quoy qu'il soit tres constant que Jean 3ᵉ baron d'Harcour, soit le premier du nom, Vicomte de Chatellerault du chef de sa femme. Il y a apparence que cette vicomtesse s'etoit appellée etant fille la Vicomtesse Jeanne, le public accoutumé a cette denomination y ajouta le nom d'Harcour lorsqu'elle fut mariée. Ce qui n'est pas sans exemple, cette maison d'Harcour a longstemps possedé le Vicomté de Chatellerault, comme on le verra cy apres.

Nous avons raporté la mort de Jean d'Harcour en 1302. Pour etablir un fait singulier qui est qu'en 1307 *(Chenu en ces antiquités de la ville de Poitiers)*, le 7 may, Jeanne Vicomtesse de Chatellerault, veuve dudit Jean d'Harcour

---

(1) Les Sᵗᵉ Marthe.— Jean baron d'Harcour 3ᵉ du nom, premier de sa famille, Vicomte de Châtellerault. (*Note de Roffay*)

(2) Il n'y avait dans l'origine qu'un *Maréchal de France.* il conduisait l'avant-garde. De Saint-Louis à François Iᵉʳ il y en eut deux ; ce dernier en créa un troisième. Du temps de Henri II il y en avait quatre ; on en créa huit à la mort de M. de Turenne ; il y en avait vingt en 1703. Après la suppression du Connétable, le doyen des Maréchaux fut chargé de le suppléer. — (*Chéruel. — Dictionnaire des Institutions de l'histoire de France*).

porta avec trois autres barons, Arnaultdaux, Cardinal, Evesque de Poitiers, lors qu'il fit son entrée solennelle dans Poitiers, depuis l'Eglise de Notre Dame jusqu'au grand hostel de St Pierre, fit l'office de Chambrier au disner de l'Evesque en lui donnant a laver; elle eut pour sa livrée, les deux bassins d'argent qui estoient sur le buffet.

Philippe le Bel. — Au mois de juin de la mesme année, la ville de Chatellerault fut honorée de la presance du Roy *Philippe le Bel*, de ses enfants et du comte de Flandre qui allerent a Poitiers pour y voir le Pape Clement 5e qui s'y etoit rendu de Bordeaux a l'instante priere du Roy.

Jean 3 d'Harcour. — L'année suivante qui étoit 1308 (*Duchesne*.— *Histoire de la maison de Dreux*), Jean *4e baron d'Harcour* fils du precedent, fut vicomte de Chatellerault ; il epousa Alix de Braban dont il eut de grands biens en Berry et entr'autres, les terres de Vierzon et Mezieres du chef de sa mere Jeanne de Vierzon ; de leur mariage sortit autre *Jean d'Harcour*, lequel fut Vicomte de Chatellerault, ce fut en sa personne que la baronnie d'Harcour fut erigée en Comté, l'an 1330 (*Gaguin. — Histoire de France*), par le Roy Philippe de Valois, dit Philippe 6 (*Chopin. - Liv. 3 du Dommaine de France*), ce qui fit qu'il prit le titre de *Jean premier comte d'Harcour*. On croit que c'est lui qui fut tué à la bataille de Crecy (*Dubouchet. — Annales d'Acquitaine*), que les Anglois gagnerent sur les François (*Dupleix*).

Les Cordeliers. — On pence que c'est ce seigneur qui a fondé le couvent des Cordeliers de Châtellerault (1) ; je

---

(1) Ce couvent avait été bâti sur l'emplacement du *château vieil* près de la chapelle *Sainte-Catherine du Pont*. Cette cha-

me suis adressé aux religieux de la maison pour sçavoir les tems precis de leur fondation et le nom de leur fondateur. Ils m'ont declaré de bonne foy qu'ils n'en sçavoient rien. Cependant comme il est fait mention de cet etablissement dans des titres très anciens, ils raportent leur fondation vers le milieu du 14e siecle par un Comte d'Harcour vicomte de Chatellerault (*Les reverends peres Cordeliers*), toutes ces epoques conviennent parfaitement a Jean Ier Comte d'Harcour et ne peuvent remonster plus haut parce que leur fondateur etant qualifié Comte d'Harcourt, celuy dont nous parlons est le premier qui en ait porté le titre comme on l'a dit cy dessus.

Ce qu'il y a de certain, et qui est a la connoissance de tout le pays, c'est que cette maison a elevé des religieux d'un merite distingué, tant par leur science que par leur pieté et qui ont fait honneur a la religion ; de ce nombre sont des enfans de la ville mesme, tels que le pere Damien Renault et autres qui sans estre du pays, ont adopté cette maison, y ont passé le temps de leur repos dans leur vieillesse, la plus part y sont morts ; de ce nombre sont les R.R. P.P. Louis Loiseau, Hillaire Lorin, René Mariau, René Hache, N... Boïtel et N... Audeler, tous docteurs de Sorbonne qui ont remply plusieurs fois les premieres dignités de l'ordre et dont la memoire est encore

---

pelle existe encore ainsi que l'ancien cloître, elle sert de magasins.

On ignore l'époque à laquelle eut lieu la fondation du *Couvent des Cordeliers*, mais elle est antérieure au XIVe siècle, car l'abbé Lalanne dans son Histoire de Châtellerault (Tome Ier, page 233), cite un don de cinq sous de rente fait aux Cordeliers de Châtellerault par un sieur Jocelin de Chambon en l'année 1259.   G. P.

en grande veneration dans cette ville. Particulierement
le très reverend pere Robert Chessé, Profès de la ditte
maison et Provincial de cette province qui souffrit le mar-
tire pour la foy dans la ville de Vandosme sous le reigne
d'Henry le Grand.

Jean 4 d'Harcour. — En 1356 (¹), *Jean 2ᵉ
Comte d'Harcour*, Vicomte de Chatellerault, rendit hommage a Mʳᵉ Fordaux, evesque de Poitiers pour ce qu'il
tenoist de lui.

Louis 1 d'Harcour. — En 1367, *Louis d'Harcour*, fils de Jean Iᵉʳ et frere de Jean 2ᵉ, Comte d'Harcour, etoit Vicomte de Chatellerault ; ce même vicomte
prit en 1370, le party des Anglois contre le roy Charles 5
dit le Sage, lequel aloit au secours des gascons qui avoient
secoué le joug des Anglois parce qu'ils les opprimoient
d'impôts (*Dupleix*). Il pensa luy en couter cher, les Bretons qui etoient dans l'armée du Roy s'avancerent de nuit
de Chatellerault et l'escaladerent de sorte que le vicomte
pensa estre pris dans son lit tout endormy ; il se sauva
cependant par une fausse porte et alla sur le pont où il y
avoit un corps de garde de ses gens qui lui donna le temps
de se retirer ; toutes fois la ville fut prise (²) ; le duc de

---

(1) Sᵗᵉ Marthe. — Gaule chrétienne. — An 75. — Evesque
de Poitiers. (*Note de Roffay*)

(2) Voici le résumé de la *Chronique de Sire Bertrand
Duguesclin* qui date du XIVᵉ siècle et a été publiée dans le
Bulletin de l'Association Amicale des anciens Elèves du
Collège de Châtellerault (décembre 1906) :

Assaut et prise de Châtellerault en 1370

Après la mort de l'anglais Chandos, Carlouet un des
meilleurs lieutenants de Duguesclin, vint à marcher sur Châ-

Lenclastre fils cadet du Roy d'Angleterre, pour deommager le comte d'Harcour le fit en 1371 gouverneur du Poitou avec le sieur de Parthenay.

Fief de Saint-Flour. — Ce même vicomte aquit en 1373 le fief et seigneurie de Saint-Flour (*Inventaire de Chatellerault*) qui etoit dans la ville de Chatellerault, d'Aliénord de Saint-Flour, et l'année suivante, 1374, M. le duc de Berry, comte de Poitou donna lettres d'Union de ce fief de Saint-Flour avec le Vicomté de Chatellerault [1];

---

tellerault. Il y arriva de nuit avec ses hommes qui ayant laissé leurs chevaux à distance, se mirent à scier à demi les pieux qui défendaient les murs de la ville. Ils se retirèrent au matin et revinrent le lendemain. Au moment où ils appliquaient leurs échelles, le guetteur de nuit s'en aperçut et réveilla les Anglais qui coururent aux armes, mais l'assaut donné avec vigueur, rendît les Français maîtres de la place. Messire Louis d'Harcourt fut surpris dans son sommeil et s'enfuit presque nu de maison en maison jusqu'au pont qui était occupé par les Anglais. Les Bretons de Carlouet l'y poursuivirent et minèrent l'une des tours qui s'élevait sur la première arche du pont du côté de la ville. Sous leurs efforts, elle s'écroula dans la rivière à la grande surprise des Anglais qui s'étaient retranchés dans une autre tour au bout du pont, du côté de la route de Poitiers. Les troupes de Carlouet leur ayant donné plusieurs assauts infructueux, abandonnèrent Châtellerault sur l'ordre de Duguesclin, après avoir consciencieusement pillé la ville. C. P.

(1) Le *fief de Saint-Flour* comprenait la partie de la ville située entre la rue du Vieux-Palais, la rue Saint-Jacques et les murailles de la ville. L'hôtel de Saint-Flour se trouvait près de l'église Saint-Jacques, sur l'emplacement occupé aujourd'hui par le presbytère de cette église. C. P.

ce comte de Poitou était Jean de France 3e fils du Roy Jean.

En 1377 (*Les Sainte-Marthe*), le dit Seigneur Vicomte Louis d'Harcour fit par Pierre de Remeneuil chevallier, son office de Chambrier a l'entrée solennelle de Mre Bertrand de Maumont en son evesché de Poitiers. Ce même vicomte donna le 29 d'aoust 1386 à l'Eglise de St-Jacques soit a la Cure ou prieuré (*Inventaire de Chatellerault*), une maison qui luy appartenait ; au mois de janvier de la même année qui suivoit le mois d'aoust parce que l'année pour lors commençoit au mois de Mars, il assista avec autres grands seigneurs (*Les Ste Marthe*), au traité de mariage de Louis duc du Touraine depuis duc d'Orleans, fils du Roy Charles Ve, avec Valentine de Milan, fille de Galeas Seigneur de Milan, En 1389 (*Inventaire de Chatellerault*) il rendit hommage de son Vicomté et Seigneurie de St Flour a Mr Le Comte de Poitou qui etoit Jean de France, duc de Berry et l'année suivante, il paya au receveur de Poitou un bezan d'or pour le Vicomté de Chatellerault et une maille d'or pour la Seigneurie de St Flour.

Jean 5 d'Harcour. — En 1394, *Jean 3e Comte d'Harcour* se trouve Vicomte de Chatellerault (*Inventaire de Chatellerault*).

Louis 2 d'Harcour. — En 1406, *Louis Comte d'Harcour* fils de Jean 3e et frere de Jean Comte d'Harcour etoit Vicomte de Chatellerault, il aquit de Simon Leblanc le droit de maille aux bourgeois ([1]) a luy appartenant en la Ville et fauxbourg de Chateauneuf par l'aquest

---

([1]) Mailles tournois frappées en 1315, dites Mailles Bourgeoises.

qu'il en avoit fait de Jean de Lezy, chevalier sieur de Monthoiron (*Inventaire de Chatellerault*).

Le 18 mars en suivant ([1]) jour de vendredy precedent le jour des ramaux, il fut elu archevesque de Rouen.

Il ne fut confirmé que l'an 1408 et reçu la même année dans son Eglise par Procureur et en personne avec solennité le 13 oct^bre 1415. (*Les Ste-Marthe*).

En 1409 (*Inv. de Chatellerault*), Jean de Châtellerault, ecuyer sieur de Saleine, ceda au dit Vicomte, son fief ([2]) et *Seigneurie de Saleine*, dont ledit Seigneur Vicomte luy octroya l'uzurfruit, sa vie durant. Ils paroist plusieurs particuliers dits de Chatellerault, Seigneurs de Saleine, ils viennent d'un cadet des anciens vicomtes avec lesquels ils n'ont rien de commun que la denomination de Chatellerault.

En 1410 ([3]), ledit seigneur Vicomte se trouva present

([1]) Les Ste Marthe. — Gaule Chrétienne. — An 74. — Evesque de Rouen. (*Note de Roffay*).

([2]) Comme bien d'autres institutions, le *fief* ne fut que le développement d'une vieille coutume des Germains qui se groupaient autour d'un valeureux chef, se dévouaient à sa personne et recevaient de lui après la victoire, des chevaux, des armes, d'abondants butins. Au lieu de ce butin mobilier, les Rois et les principaux chefs après l'invasion, donnèrent à leurs fidèles, des portions de l'immense domaine que la conquête leur avait livré, ce furent des *fiefs*. Tantôt révocables à volonté, tantôt temporaires, tantôt concédés à vie, tantôt héréditaires, mais toujours imposant au bénéficier, envers le donateur, certaines obligations dont la fidélité et le service miliiaire étaient les principales. — (*Dezobry et Bachelet. — Dictionnaire d'histoire et de Géographie.*)

([3]) Besly. — Les Preuves de l'histoire des Comtes de Poitou. (*Note de Roffay*).

avec les Srs de Luzignan , de Parthenay de fief
l'Evesque sis dans le territoire de Thouars a l'entrée de
Mre Pierre Troussau Evesque de Poitiers en son Eglise
et y fit en personne l'office de Chambrier aidant a le porter, luy donnant a laver et le servant a table. Il eut pour
son droit les deux bassins d'argent dans lesquels il luy
avoit donné a laver.

Le 13 Novembre 1413, (*Inv. de Chatellerault*), le dit
Seigneur Vicomte, Archevesque de Rouen randit aveu de
son Vicomte a M^r Le Comte de Poitou qui était Jean de
France duc de Berry.

Et en 1417, le 5 aoust il en randit un autre a Charles
Dauphin de Viennois (1) auquel le Roy Charles 6 son pere
avait donné le duché de Berry et le Comté de Poitou pour
son apanage apres la mort de Jean son frere dont nous
avons parlé cy dessus. Il fut Roy sous le nom de Charles 7°.

En 1422 (2) mourut le dit Seigneur archevesque de
Rouen et vicomte de Chatellerault et fut enterré aux Cor-

---

(1) Le titre de *Dauphin* se donnait primitivement à plusieurs
seigneurs féodaux. Ce nom venait du symbole que ces seigneurs avaient adopté et qu'ils portaient dans leurs armes.
On remarquait entre autres, le *Dauphin de Viennois* et le
Dauphin d'Auvergne. Lorsque Philippe de Valois eut acheté
les domaines de Humbert III, Dauphin de Viennois, le titre
de *Dauphin* fut spécialement affecté au fils du Roi qui reçut
cette province en apanage. Ce fut d'abord le second fils du
roi qui porta le titre de *Dauphin*, mais dans la suite ce nom
fut réservé au fils aîné, héritier présomptif de la couronne.
(*Chéruel. — Dictionnaire des Institutions de la France*)

(2). Les Ste Marthe. — Gaule chrétienne. — An 74. —
Archevesque de Rouen. (*Note de Roffay*).

delliers de la dite ville aupres d'Alix de Brabant sa tri-
sayeulle.

Jean 6 d'Harcour. — *Jean 4e Comte d'Harcour*
son frere et dernier du nom qui ait possedé le dit Vicomté
de Chatellerault luy succeda, il en fit hommage la même
année 1422 au Roy Charles 7e.

Notre Dame. — C'est ce seigneur qui a fait differentes
fondations dans l'Eglise de Notre Dame de Chatellerault
et entr'autres d'une messe a haute voix a l'issue de mati-
nes en 1434. Un maistre de psallette et quatre enfants de
cœur ; il fit faire par son credit, l'union de plusieurs cha-
pelles desservis dans la dite eglise a la manse du chapitre (*Inv. de Chatellerault*) auquel il donna deux cents
livres de cire et cent royaux d'or pour estre employées
dans ses plus pressens besoins a condition de retablir
dans six mois apres s'en estre servis, le tout ou la partie
qu'ils auroient prises dans ce depost. Je ne say si cette
derniere clause a eté religieusement observée jusqu'a
present ; il fonda par la suite quatre vicaires dont il se
reserva la nomination. Ce même seigneur eut la douleur
de perdre en 1424, M. Le Comte d'Aumale, son fils ainé
et unique masle qui fut tué à la bataille de Verneuil, sans
laisser de posterité, ce qui auroit mis la vicomté de Chatellerault dans une autre maison, quand bien même mon
dit sieur le Vicomte n'en auroit pas disposé comme il fit
en 1445, par echange avec Charle Danjou, 1er Comte
Dumaine contre la seigneurie de la Ferté Bernard (*Les
Ste-Marthe. — Histoire de la maison de France*) qu'il fit
a ce que l'on croit par le chagrin qu'il eut de perdre
Marie d'Alençon, son epouse qui mourut a Chatellerault
en 1433 ou 1434 et qui fut enterrée aux Cordelliers de la
ditte Ville. Il en eut deux filles, Marie et Jeanne d'Harcour
qui ont pris alliance avec la maison de Lorraine,

Charles d'Anjou. — Il semble que Chatellerault
etoit destiné a avoir dans tous les tems, des seigneurs de
la premiere qualité jusqu'a ce que la ditte ville soit entrée et ait fait partie du domaine royal. En sortant des
mains des seigneurs d'Harcour, elle entra dans celle d'Anjou, par *Charles d'Anjou* Comte Dumaine ; ce prince etoit
fils de Louis second duc d'Anjou Roy de Jerusalem et
de Sicile et de la Reine Yolande d'Aragon, sa femme, et
frere des Rois de Sicile Louis 3e et René d'Anjou et de
Marie d'Anjou, femme du Roy Charles 7, mere du Roy
Louis 11e (*Les Ste-Marthe*). Il epousa en premieres noces
Cambella Rufa duchesse de Sesse dont il n'eut point d'enfants et en secondes noces, en 1443, le 9 janvier Isa-
belle de Luxembourg de laquelle il eut Charles d'Anjou
qui fut Roy de Sicile, 4e du nom et Louise d'Anjou laquelle en 1462, epousa Jacques d'Armagnac duc de
Nemours (*Les Ste Marthe*).

Le Comté Dumaine qui appartenoit à Mr Le Vicomte de
Chatellerault Charles d'Anjou, etoit pour lors possedé par
les Anglais ; Henry 6 par le traité de mariage qu'il fit
avec Marguerite d'Anjou, fille de René, Roy de Jerusalem, en 1447, promit de randre le Comté du Maine a
Charles d'Anjou ce qu'il ne voulut point faire après la
consommation de son mariage. M. le Vicomte de Chatellerault fut donc obligé de demander du secours au Roy
de France Charles 7e, son beau frere avec lequel il assiegea la ville du Mans qu'il pressa si fort que les assiegés
furent tres heureux d'en sortir vie et bague sauve depuis
lequel temps, notre vicomte en resta paisible possesseur
(*Les Ste Marthe*).

L'année suivante 1448 (*Les Ste Marthe*), Mr Le Vicomte
se trouva a l'assemblée de Vandosme pour assister au
procès que l'on faisoit au duc d'Alençon qui avoit traité

avec les Anglois pour leur donner entrée en Normandie (*Duplex, tome 2*).

En 1465, M^r Le Vicomte de Chatellerault fut fait gouverneur de Languedoc et de Guyenne par le Roy Louis 11e son neveu. Il servit le Roy dans la guerre qu'il eut contre les princes mecontens. Il se trouva dans la même année avec le Roi Louis 11 a la bataille de Monthery ou il donna des preuves d'une valleur extraordinaire et apres laquelle il fut nommé pour traiter de la paix avec les princes confederés,

College. — Ce bon seigneur toujours attentif aux besoins de ses vassaux, acheta avec les habitans de la ville de Chatellerault le 28 x^{bre} 1467, une maison et jardin pour y etablir une Ecolle publique (¹) qui subsiste encore sous le nom de College, qui couterent 400 écus d'or dont chacun valloit 26 ^L 8 ^D (²) et ce fut la derniere

---

(1) La maison dont il est question servait déjà d'école à une époque antérieure ; on trouve en effet dans les archives du collège une note ainsi conçue :

« Avant l'acquisition de cette maison, il existait déjà une « maison d'école ainsi qu'il résulte d'un bail à rente du 2 « janvier 1362 par lequel Jeanine Aublaire abandonne à la « veuve Philippon, une lisière de terre sise paroisse Saint-« Romain, *près le logis des Escoles* »

Il est probable que ce logis est le même que la maison achetée en 1467, car elle est située dans le même quartier et cette acquisition avait sans doute pour but de l'approprier d'une façon plus convenable et définitive à l'enseignement.

Elle existe toujours et elle fait partie du collège qui a envahi presque tout l'îlot de constructions compris entre la rue Saint-Romain et la rue de la Taupanne.   C. P.

(2) Environ 10.400 francs.

marque de sa bonté et de sa libéralité que cette ville en recut.

Ce Seigneur mourut le 10 avril 1472 (*Ste-Marthe*). Il etoit comme nous l'avons remarqué cy devant, fils de Louis 2 Roy de Sicile, frere des Rois de Sicile Louis 3 et de René 1er d'Anjou, pere de Charles d'Anjou duquel nous parlerons cy après, lequel fut Roy de Sicile et oncle du Roy de France Louis 11e.

Charles 4 d'Anjou. — Après la mort de M. le Vicomte de Chatellerault *(Ste Marthe)*, Charles d'Anjou 1er du nom, Comte Dumaine, *son fils* luy succeda dans tous ces biens et notamment dans la Vicomté de Chatellerault. Le 21 janvier de la même année, son mariage fut traité a Troye en Champagne avec Jeanne de Lorraine, petite fille de Marie d'Harcour dont nous avons précedemment parlé, laquelle etoit fille de Jean 4e. Le 22 juillet 1475, René d'Anjou Roy de Sicile ayant eu la douleur de voir mourir sous ces yeux tous ses enfants, même son petit fils, fit son testament par lequel il institua son heritier universel dans ses royaume, duché et seigneurie, *Charle d'Anjou* Comte du Maine notre Vicomte, ce qui ne plut pas a Louis 11 Roy de France a cause des pretentions qu'il avoit sur certaines parties de la succession.

Ce qui toutefois s'acomoda : Voila donc les Chatelleraudois a la veille d'estre vassaux (¹) d'un Roy a la verité etranger, ce qui arriva quelques années après et ce fut un acheminement pour un titre plus glorieux pour eux ainsy

---

(¹) Dans le langage féodal, le nom de *vassal* s'appliquait au possesseur d'une terre ou d'un fief qui relevait d'un suzerain envers lequel il avait contracté des obligations personnelles.

Le *suzerain* au contraire était le seigneur duquel relevaient ses vassaux.   C. P.

que l'on le verra cy apres. En effet René d'Anjou Roy de Sicile, etant mort le 10 juillet 1480, M^r le Vicomte de Chatellerault, Charle d'Anjou, luy succeda dans son Royaume de Sicile, Comté de Provence et autres seigneuries sous le nom de Charles 4e Roy de Sicile qui comprend Naples. Il se pourvut vers le Pape Sixte 4 pour en avoir l'investiture qui quoy qu'elle luy fut due de droit, luy fut refusée nonobstant la sollicitation de Louis 11e Roy de France.

En janvier suivant, Madame la Vicomtesse de Chatellerault, reine de Sicile, mourut a Aix et par son testament, elle institua M. Le Vicomte Roy son mary, son heritier universel : il ne jouit pas longstems de son ellevation au trosne de Sicile. Il tomba dangéreusement malade dans sa ville de Marseille, sur la fin de l'année 1481. Il fit son testament le 10 x^{bre} de la dite année par lequel il donna sa maison de *la Berlandiere*, qui est un des principaux membres dudit vicomté gratuitement et sans aucunes charges aux sieurs chanoines du chapitre de Notre Dame qu'ils ont depuis echangée contre des rentes en bleds. Il fonda outre cela dans la ditte Eglise deux tailles et deux enfants de cœur outre et par dessus les quatre qui l'etoient des 1434, lesquels il entend estre norris des plus clairs revenus de sa recette et lesquelles nourritures et entretiens furent liquidées en 1483 par Messieurs de la Chambre des Comtes de Paris, a 80 ^{L.} pour chacun des deux tailles et a 40 ^{L.} pour chacun des enfans de cœur et au surplus il institua le Roy *Louis 11e* qui etoit son cousin Germain, son heritier universel en tous ses royaume, comtés, vicomtés, terres et dommaines etc. Et après luy, Charles son fils qui fut depuis Charles 8 Roy de France et par consequent tous ses successeurs a la couronne de France.

Le lendemain 11 dudit mois et an, il fit quelque codicille par l'un desquels il fonda un anniversaire *(Les Ste Marthe)* qui se celebre tous les ans le 7 7bre dans l'Eglise Notre Dame de Chatellerault; Et par un autre *(Nostradamus)* il legua la somme de L. 800 de rente a prendre sur son vicomté de Chatellerault a Marguerite de Calabre fille naturelle de Nicolas d'Anjou son cousin germain; il mourut le même jour 11 decembre 1481 et fut enterré dans l'Eglise de St Sauvain d'Aix en Provence; son reigne n'a eté que de 17 mois et n'a point laissé de posterité.

Louis 11. — Les habitans de Chatellerault se trouverent pour lors au plus haut degré d'honneur auquel ils pussent jamais pretendre. Ils etoient sujets du Roy comme tous les autres, mais ils avoient des seigneurs particuliers qui quelques eminents en qualité qu'ils puissent estre les rendoient toujours vassaux de particuliers, au lieu qu'en concequence du testament de M. Le Vicomte de Chatellerault Roy de Sicile et au moyen de l'acceptation que le Roy Louis 11 én fit, ils se trouvent sans moyen sujets et vassaux du Roy lequel se mit en possession de la ville et Vicomté de Chatellerault et lez reunit a la couronne par ses lettres patentes du mois de decembre de la ditte année 1482, données au Plessis les Tours et enregistrées au Parlement le 6 fevrier de l'année suivante. Les dittes lettres portant speciallement cette clause *sans qu'ils puissent (La ville et comté) en estre a jamais separée, pour quelque cause et raison que ce soit.* Le Roy après avoir exposé l'agrement de la situattion du Lieu et de ses environs, la commodité du chateau de la ditte ville dans des termes trop flatteurs pour n'estre pas raportés mot a mot « *en parlant de la ville de Chatellerault ou il y a* « *très beau logis amenable et delectable lieu et honneste* « *demeure, assise en très belle et bonné situation, envi-*

« ronnée et circuitée de beaux et plusieurs chateaux,
« places et maisons de plaisance a l'entour de tous les
« cotés d'icelle ville laquelle est aussy assise en grand
» trepas de Picardie, Guyenne, Bretagne, Normandie et
« Lionnois etc. ». Et peu 'après le Roy dit expressement
qu'il espere que luy et Charles dauphin de Viennois son
cher fils (qui fut Charles 8) y feroient partie du tems,
leurs habitations et demeurances. Ce sont les termes des
dittes lettres données en forme d'Edit, par lequel, dit le
preambule, afin que la ditte ville puisse en bref se refaire
et augmenter.

Creation du Siege Royal. — Le Roy Louis 11⁰ y crea
un Siege Royal lequel s'apelera le Gouvernement de
Chatellerault qui y sera tenu et exercé par notre aimé et
feal conseiller Chambellan Gallehaut d'Allogni chevallier, seigneur de la Groye et maistre de notre hostel, que
le Roy en avoit fait gouverneur et capitaine, tant de la
Ville que du Vicomté, ce qui prouve encore avec qui a
a eté dit cy dessus que c'est une province particuliere,
pour par luy le d. sr Gallehaut, ses successeurs audit
gouvernement ou leurs lieutenans, avoir la principale
autorité et connoissance de la justice et police ainsy qu'a-
voient les autres gouverneurs, senechaux et baillifs dés
senechaussée et baillages royaux du Royaume et ressortir directement et sans moyen par appel et en ressort
au Parlement de Paris ou il seroit intitulé, siege royal,
auquel siege et gouvernement, ressortiroient les appellations du juge ordinaire qui etoit en la même ville et Vicomté et par les mêmes lettres, le Roy met les habitans
de Chatellerault sous sa protection et sauvegarde, les declarant ses sujets sans moyen, les ostant et separant pour
toujours du ressort de la Senechaussée de Poitou et du
Siege royal de Poitiers.

Creation du Siege de l'Ellection.— Le même Roy Louis 11 par autres lettres patentes données au même lieu, au mois de janvier 1482, qui rappellent les precedentes lettres, crea et etablit un siege d'Ellection pour les Aides et tailles qui seroit tenu par deux elus, un procureur pour S. M., un gresfier et un receveur pour avoir connoissances des aides et tailles sur tous les habitans de la ville et vicomté de Chatellerault pour ressortir en la cour des aides de Paris, sans que pour raison de ce ils puissent estre traduits au Siege de l'Ellection de Poitiers, ayant de rechef distrait et eximé la ville et vicomté de Chatellerault des justices ordinaires et extraordinaires de Poitiers.

Le Roy Louis 11 mourut le 30 d'aoust 1483 sans avoir reuni a sa couronne aucuns autres biens de la succession de M^r Le Vicomte de Chatellerault Roy de Sicile, que le Vicomté de Chatellerault, marque eclatante de l'affection particuliere que ce Prince portoit a la ville de Chatellerault *(Ste Marthe. — Histoire de la maison de France)*.

Charles 8 son successeur y reunit l'an 1486, les provinces et Comté de Provence et Forcalquer.

En 1488, Madame Marguerite de Calabre Comtesse de Daumartin cousine de feu M. Le Vicomte Roy de Sicile fonda le 8 de 7bre, une messe basse, dans l'Eglise de Notre Dame, appellée la messe de six heures et legua pour cette fondation L. 60 de rente sur les L. 800 a elle leguées par ledit Seigneur Vicomte sur le dommaine de Chatellerault, en 1481 ainsy qu'il a eté precedemment remarqué.

On est surpris de voir que Charles 4e Roy de Sicile, vicomte de Chatellerault qui a fait une infinité de legs et particulierement a Louis 11 Roy de France son cousin, ait oublié Louise d'Anjou sa sœur unique, femme de Jacques d'Armagnac et Jean, Louis, Charlotte, Catherine et

Marie d'Armagnac ses neveux et nieces qui n'etoient pas riches, d'autant que les biens dudit Jacques d'Armagnac leur pere avoient eté confisqués lorsque le Roy Louis 11 lui fit trancher la teste a Paris le 4 aoust 1477, pour cause de crime d'Etat.

Jean d'Armagnac. — Cette maison d'Armagnac ayant fait alliance avec celle de Bourbon par le mariage de Jean 2 duc de Bourbon avec Catherine d'Armagnac, fille de ce Jacques dont nous venons de parler qui moururent jeunes et sans postérité ; la dite Catherine etant morte en couche d'un fils qui ne luy survescut que de 16 jours et le duc Jean de deux ans (*Ste Marthe*). La maison de Bourbon conserva toujours de l'amitié pour celle d'Armagnac, elle obtint du Roy Charles 8 *(Chopin)* la confiscation des biens de Jacques d'Armagnac pour ses enfants et le Vicomté de Chatellerault comme une portion de l'heredité de Charles d'Anjou 4e Roy de Sicile et vicomte de Chatellerault leur oncle, lequel vicomté echut a *Jean d'Armagnac* duc de Nemours comme a l'ainé de la famille, avec autres terres et seigneuries (*Lettres patentes du 2 mars 1483).*

Voila donc Chatellerault de rechef entre les mains d'un seigneur particulier, mais si illustre par sa naissance et sa vertu que les habitans reçurent sa domination avec tout le respect imaginable, d'autant que ce changement n'en apporta aucun dans l'Etat des officiers royaux qui resterent toujours tels.

Jean d'Armagnac duc de Nemours avoit epousé Yolande de la Haye issue d'une des plus illustres maisons du royaume. Ce seigneur et cette dame ne furent pas longstems sans donner des marques de bienveillance a la Ville de Chatellerault par un acte de pieté dont la ville ressent encore actuellement les effets.

Les Minimes. —Ce fut par la fondation qu'ils firent d'un couvent de Minimes *(Archives des Minimes)* dont l'institut etoit tout nouveau, ils traiterent avec un religieux dudit ordre, porteur de procuration de Saint François de Paule leur instituteur pour lors encore vivant et promirent de la dotter convenablement (1), ce qu'ils firent en partie et auroient fait davantage si la mort n'avoit surpris ce bon seigneur quelques mois après. L'acte est du 10 juin 1495. Il leur avoit donné entr'autres choses un emplacement pour y bastir leur couvent devant une des portes de la ville (2). La ferveur de cet ordre naissant procura des secours a ce nouvel etablissement qui le mirent en etat de le conduire a une situatien raisonnable si jamais œuvres pies ont eté faittes a propos, c'est certainement par ceux qui ont operé cet etablissement dont les religieux ont conservé jusqu'a present toute la ferveur de leur institut.

Ce seigneur mourut a Chatellerault au commancement du mois de decembre 1500, a la fleur de son age, ayant a peine 36 ans et ne laissa point de posterité.

---

(1) **Moreri** a l'article Aleman pretent que Nicolas Aleman, seigneur du Chatelet a fondé le couvent des Minimes de Chatellerault et ce sur la foy du chevalier l'hermite Souliers. — *(Histoire de la noblesse de Touraine.)* — *Note de Roffay.*

(2) Le *Couvent des Minimes* fut construit en dehors des fortifications, dans le prolongement du Petit Pont qui était à l'emplacement actuel de la rue Colbert, entre la rue Saint-Jean et le boulevard Blossac.

Les Minimes ayant été expulsés au moment de la Révolution, l'immeuble fut affecté à la Maison de Ville. Ce n'est que vers 1840 qu'il a été démoli et qu'à la place on construisit la Mairie et le Palais de Justice.   C. P.

Il avait ordonné que son corps fust porté a l'Isle-Jourdain en Gascogne ou etaient ses Encestres ce qui n'ayant pu s'executer par certaines conjonctures du tems, il fut enterré dans l'Eglise des Minimes pour attendre la commodité de son transport, où ne trouve pas qu'il en ait eté osté et on croit qu'il y est encore.

Madame la Vicomtesse de Chatellerault Yolande de la Haye sa veuve, se maria en secondes noces a M. Pierre bastard d'Armagnac que M. le Duc de Nemours vicomte de Chatellerault son premier mary avoit fait son executeur testamentaire avec la ditte dame. De ce mariage est sorty George Cardinal d'Armagnac, cette dame survecut encore a ce second mari et epousa en troisiemes noces Louis de Brezé Comte de Maulevrier grand senechal de Normandie.

Louis d'Armagnac. — Par la mort de Jean d'Armagnac, duc de Nemours, vicomte de Chatellerault, la dite vicomté tomba entre les mains de *Louis d'Armagnac* son frere qui s'appelloit pour lors M. de Guise, mais depuis il se fit appeller le Duc de Nemours, c'etoit un grand et brave capitaine reconnu pour tel par Louis 12 qui en 1501 l'envoya au Royaume de Naples dont il fut declaré vice Roi *(Belforêt-Dupleix)*, avec une armée de 25 000 hommes pour en faire la conqueste. Ce voyage ne luy fut pas heureux, il fut tué dans une bataille qu'il livra a Fernand Consalve general de l'Armée espagnole le 28 avril 1503 et qu'il perdit, Consalve averty de sa mort le fit chercher avec soin et son corps ayant eté trouvé parmi les morts, il luy fit faire des funerailles avec les honneurs dubs a un aussy grand capitaine et de sa naissance.

Anne de France. — Il ne laissa aucune posterité ce qui fit que le vicomté de Chatellerault passa entre les mains de Charlotte d'Armagnac sa sœur épouse de Charles de Rohan seigneur de Gié qui ne le garda pas longs-tems puisqu'elle le vendit presqu'aussytost qu'elle en fut en possession a Pierre de Rohan Marechal de France son beau frere pour quarante mille livres, somme si modique que Madame *Anne de France*, duchesse de Bourbonnais fille du Roy Louis 11, en fit le retrait sur ledit Pierre de Rohan comme proche parante, etant tante maternelle de Charles d'Aujou Roy de Naples et de Louise d'Anjou femme de Jacques d'Armagnac au moyen duquel retrait Madame se trouva Vicomtesse de Chatellerault *(Chopin).*

Charles de Bourbon. — Le 10 May 1506, Madame maria Suzanne de Bourbon sa fille et unique heritiere (*Ste Marthe*) et de Pierre 2e duc de Bourbon a *Charles de Bourbon* comte de Montpensier son cousin qui dans la suite fut *Connestable de France* (¹), il etoit fils ainé de Gilbert de Bourbon comte de Montpensier. Par son contrat de mariage du 26 Feuvrier 1504, elle luy donna entre autres choses, le Vicomté de Chatellerault dont elle se reserva l'uzufruit pour l'affection particulière qu'elle avoit pour cette ville.

La Berlandière. — Ce qui paroist par toutes les ameliorations et acquetz qu'elle y joignit, le 8 novembre 1505 elle echangea avec les sieurs du chapitre Notre Dame de la d. ville la maison de la *Berlandiere* (²) que leur avoit don-

---

(¹) Le *Connétable* était un des grands officiers de la Couronne, chef des armées en l'absence du roi. Cette dignité fut supprimée par Richelieu en 1627. — *(Chéruel. — Dictionnaire des Institutions de la France.)*

(²) Le domaine de la *Berlandière* était situé à l'entrée de la

née gratuitement en 1481 M. le Vicomte Charles d'Anjou Roi
de Sicille comme on le dit cy-dessus contre trente septiers
de froment de rente a prendre sur le revenu du Vicomté
de Chatellerault dont ils jouissent actuellement, reunion
de concequence pour le dommaine de Chatellerault dont
cette maison est un des meilleurs membres. Cette princesse acquit le 10 feuvrier de la même année (1) quatre
septrées de terre en bois scises en la garenne de Chatellerault. Le premier juin 1506, elle acquit l'hotel des
Roches ; le 25 du même mois, l'hotel de Nonnes et quelques mois après celuy de Nerpuy, leurs apartenances et
dependances et reunit le tout à la vicomté, ce qui y fît un
arrondissement merveilleux (2).

Le Roy Louis 11 etoit prevenu d'une si haute estime

---

forêt sur la rive droite de l'Envigne ; c'était le château de
plaisance des seigneurs de Châtellerault.

Lorsque M. le Prince de Talmont prit possession de ce
duché, en 1730, les deux pavillons et la chapelle étaient en
ruine depuis longtemps ; il les fit démolir et ne conserva que
la maison de fermier, le jeu de paulme et quelques servitudes
qui existent encore.

Philippe de Valois data une de ses ordonnances de ce château le 9 décembre 1335. —(L'abbé Lalanne. — Histoire de
Châtellerault). C. P.

(1) En France l'année pour lors ne commençait qu'à Pâques
ou à la Notre Dame de Mars. — (Note de Róffay).

(2) Les titres de ces différentes acquisitions se trouvent
mentionnés dans l'Inventaire Général des Tittres Lettres et
Enseignemens du Duché de Chastellerault qui sont dans le
chasteau dudit lieu, fait par Pierre Picard de la Lande (1658-
1659). C. P.

pour Anne de France, sa fille (1), que par son testament, il l'institua gouvernante du Royaume et de la personne du Roy Charles 8 son frere *(Philippe de Comines)*. Cette preferance souleva les Grands du Royaume qui mirent des troupes sur pied pour luy contester la Regence, mais qui furent vaincus a la bataille de Saint Aubin du Cormier en 1488, et cette princesse continua de gouverner sagement le Royaume. Elle reunit la Bretagne a la France par le mariage qu'elle fit de Charles 8 avec Anne fille unique de François 2 duc de Bretagne.

Chemin de Madame. — Fait qui, quoyque etranger a l'histoire de Chatellerault peut estre raporté comme regardant une de ses vicomtesses, dont la memoire est d'autant plus respectable aux Chatelleraudois que cette princesse honora leur ville de sa presence pendant plusieurs années ou plutost sa maison de la Berlandiere qui est sittuée dans les portes de la Ville de Chatellerault a l'entrée de la forest ou on la voit encore et sy près de la ville que cette princesse alloit tous les jours a pied de sa dite maison a l'Eglise de Notre Dame et pour sa commodité elle fit faire un chemin derriere le fauxbourg de Chateauneuf qui s'appelle encore actuellement le *Chemin de Madame* (2) dans un terrain qu'elle achetta de differants particuliers et pour dedomager le Curé de Saint Jean l'Evangeliste de Chateauneuf qui dixmoit sur ce terrain, elle

---

(1) Agée de 23 ans, mariée au Sire de Beaujeu et dont Louis 11 avoit dit qu'elle étoit la femme la moins folle du monde. — *Note de Roffay.*

(2) Une rue du faubourg Châteauneuf s'appelle encore *rue de Madame*, elle est située sur une partie de l'ancien Chemin de Madame, qui allait du Pont d'Estrées au Grand Pont sur la Vienne.   C. P.

luy donna une rente de 8 boisseaux de froment, ce qui n'arriva qu'en 1520, fait qui n'est icy raporté que par la connexité qu'il a avec ceux qui le precedent (1).

Charles du Haut-Bois natif de la Tour Girard qui est une petite terre a un quart de lieue de Chatellerault qui après avoir eté maistre des requestes et President en la Cour des Aides de Paris fut Evesque de Tournay, alla par devotion faire son voyage a Saint Eutrope de Saintes et en s'en retournant il tomba malade a Saint Jean d'Angely ou il mourut le 13 juin 1515. Il fit un codicile par lequel il ordonna d'estre enterré aux Minimes de Chatellerault, il y a contestation entre les Cordeliers et les Minimes pour savoir qui a ses cendres. Les Ste Marthe et Claude Robert sont pour les Cordeliers; mais comme les Minimes ont leurs chartes particulieres en bon estat, il est probable que ayant ecrit ce fait dans un journal bien suivy, ils font plus de foy que des auteurs qui n'etant pas presents ont ecrit sur la foy des autres. Ce fait est aussi indifferent comme celuy qui suit est interessant.

François de Bourbon. — Charles de Bourbon mary de Suzanne de Bourbon du chef de la quelle il etoit vicomte de Chatellerault quoiqu'il pretendit l'estre du sien et dont il n'en n'avoit pas cependant la jouissance que sa belle mere Madame Anne de France s'etoit reservée ne laissa pas de vendre ledit Vicomté a François de Bourbon son frere en faveur duquel le Roy François 1er l'erigea en duché pairie (2) par lettres patentes du mois de

---

(1) Les titres d'acquisition de ces terrains sont aussi mentionnés dans l'*Inventaire de Picard de la Cande* (1658-1659).

C. P.

(2) Les *Ducs et Pairs* avoient droit de séance au Parlement

feuvrier 1514, veriffiées en Parlement le quatre avril suivant et y reunit les Chatelnies du Dorat, de Blac, de Chalais et autres.

Duché pairie. — Les motifs de cette errection sont des plus honorables. Le Roy y expose les services que la maison de Bourbon a randus a la France, ceux particuliers de François de Bourbon que le Roy declare expressement estre son parent comme descendant de masle en masle de Robert fils de Saint Louis. Voila ce qui regarde ce seigneur, mais le Roy veut encore s'expliquer sur le cas qu'il fait de cette vicomté qui a bonne part a la dite errection et voicy les termes des lettres patentes *« et en « core pour decorer le dit vicomté du titre de Duché at- « tendu que cette vicomté est moult belle et ancienne, en « assiette delectable et en laquelle il y a toutes juridic- « tions ».*

Peu de tems apres cette errection et dans la même année le nouveau Duc obtint permission du Roy de faire tenir les *Grand jours* (1) dans sa duché pairie de Chatellerault, ce qui fut executé. Voila donc un nouveau titre pour la ville de Chatellerault et le plus eminent dont aucune ville puisse estre decorée ; elle en jouit actuellement. Ce Seigneur avoit les meilleures intentions pour la ville de Chatellerault a laquelle il auroit procuré tous les avantages possibles mais elle ne jouit pas longstems de sa protection.

---

comme pairs du Royaume, et les *Duchés Pairies* se transmettaient à leurs héritiers mâles par ordre de primogéniture. — *(Chéruel. — Dictionnaire des Institutions de la France).*

(1) **A** partir du XVIᵉ siècle, le nom de *Grands jours* fut donné à des commissions extraordinaires qui siégeaient au nom du roi pour réprimer les désordres. (*Chéruel.— Dictionnaire des Institutions de la France.*)

Le Roy François Ier allant en Italie pour la conqueste du Milanois, François de Bourbon Premier duc de Chatellerault l'y suivit et fut tué à la bataille de Marignan que le Roy gagna contre les Suisses en combattant avec toute la valleur imaginable. Il eut bonne part, tant par sa bravoure que par sa sage conduitte au gain de cette bataille qui se donna le 13 7bre 1515.

Charles de Bourbon. — Il n'etoit point marié et par consequent il ne laissa point de postérité. Par sa mort Charles de Bourbon Connestable de France son frere rentra en possession du Duché de Chatellerault qu'il luy avoit cy devant cédé avant qu'il fust erigé en Duché pairie et depuis ce tems la, il porta toujours avec tous ces autres titres, celuy de *Duc de Chatellerault*.

Eglise des Minimes. — L'Eglise que M. le Duc de Nemours (1) Vicomte de Chatellerault avoit fait bastir se trouvant trop petite pour l'affluence du peuple qui y concouroit, un gentilhomme du pays nommé Nicollas Lallement (2) seigneur du Chatelet ne se bornant pas a avoir fait achever les cloistres desdits religieux, fit bastir une nouvelle Eglise plus grande et plus magnifique que la premiere, elle a dix sept toises de long sur vingt quatre pieds de large de dedans en dedans, distribuée en six voutes, le tout de pierre de taille, très bien percée et très claire ; elle subsiste encore a l'exception des voutes qui

---

(1) Voir page 57.

(2) Sans doute *Alamand Nicolas* qui fut inhumé dans le chœur de l'Eglise des Minimes dont il était l'un des principaux bienfaiteurs.   C. P.

fûrent detruites par le malheur dont on parlera cy après (¹).

Le marché pour cet ediffice est du 26 novembre 1517. La dedicace en fut faite par Denis Brissonnet Evesque de Saint-Malo en 1522 (*Chartes des Minimes de Chatellerault*).

L'année 1521 fut très funeste a la Ville de Chatellerault qui, le 28 avril de la ditte année, vit mourir Madame Suzanne de Bourbon fille de Madame Anne de France et femme de Charles de Bourbon connestable de France dont il a eté cy devant parlé et dont on parlera encore dans la suitte. Cette princesse eut la douleur de voir mourir trois enfants qui etoient les seuls qu'elle eut eu de Charles de Bourbon son mari, elle l'institua son heritier universel par son testament fait a Monluçon en 1519, confirmant la convention portée par leur contrat de mariage qui etoit tout a l'avantage du Connetable, par lequel elle le reconnoissoit unique heritier de la maison de Bourbon et les mariés sy faisoient un don mutuel entre vifs de leurs autres biens, droits et pretentions.

Ce contrat de mariage fut l'ouvrage des plus grands jurisconsultes du Royaume. Il est bon de remarquer icy que Jean 2 chef de la maison de Bourbon et connestable de France etant mort en 1488, Pierre 2 son frere et mary d'Anne de France prit le titre de duc de Bourbon et en recueillit la riche succession, il ne laissa qu'une fille appellée Suzanne dont on vient de parler. Charles de Monpensier, ainé de la branche cadette par la mort de Pierre

---

(1) C'est dans la nef de cette église qu'a été installé le *théâtre*. On y a accolé vers 1840 une construction dont le rez-de-chaussée sert d'entrée à la salle de spectacle. Le premier étage est utilisé comme salle de redoute. La scène se trouve à la place du chœur de l'ancienne église, dont on voit encore la fenêtre ogivale.   C. R.

de Bourbon, devint l'ainé de la maison de Bourbon et prit alors le titre de Duc de Bourbon et prétendit recueillir l'oppulente succession de Pierre de Bourbon à la faveur d'une pretendue substitution que les jurisconsultes pour lors appelloient la loy salique des maisons de Bourbon, l'Archambault et la Royale.

Suzanne de Bourbon unique rejetton de la branche ainée, luy disputoit cette substitution et pour terminer un proces de cette consequence on les maria ensemble. Apres de telles mesures qui auroit pensé qu'un tel contrat de mariage eut pu souffrir quelque atteinte, cependant cela arriva nonobstant qu'Anne de France qui vivoit encore, eut confirmé le testament de Suzanne sa fille et qu'elle eust aussy institué Charles de Bourbon son gendre son legataire universel par son testament.

Cependant Louise de Savoye, mere de François premier qui se pretendoit heritiere de Suzanne de Bourbon dont elle etoit cousine germaine etant fille d'une sœur de Pierre 2, duc de Bourbon pere de Suzanne, reclama cette succession, combattit la pretendue substitution dont il s'agissait et dont le deffault sy ly en eut eu, etoit reparé par la donation entre vifs portée par le contrat de mariage preallegué, ce qui n'auroit pas fait de difficulté si lors du dit contrat de mariage Suzanne de Bourbon ne se fust pas trouvée mineure de deux ou trois mois, attention que ne firent pas les conseils de Charles. Ce fust le principal moyen sur lequel Louise de Savoye fonda ses pretentions soutenant que Suzanne etant mineure lors de la passation de son contrat, elle n'avoit pu engager ces biens et que pour venir au secours de son impuissance, il auroit fallu randre un jugement qui l'authorisat, ce qui ne fust point fait. Le chancelier Duprat reprocha dans la suitte ce manque d'attention aux avocats qui avoient dressé ce contrat; ils s'en excuserent sur ce que le dit contrat ayant eté fait en presance du Roy et par luy souscrit, ils crurent que la presence et l'authorité du Roy levoient tout deffaut. Ouy leur repliquat-on, sy le Roy s'en etoit expliqué et avoit donné une dispence d'aage.

Pendant le cours de ce proces, Madame Anne de France toujours usufruitiere du duché de Chatellerault, deceda le 14 novembre 1522. Elle avoit ratiffié par son testament de l'année precedente et par son codicile, deux jours avant sa mort tous les avantages portées par le contrat de mariage de feu Suzanne de Bourbon sa fille au proffit du connestable Charles de Bourbon, ce qui fust inutile. Arrest intervint le 23 aoust 1523 qui mit tous les biens de feu Suzanne de Bourbon en sequestre et en deposseda Charles de quoy indigné et piqué jusqu'au vif, il quitta le party de la France et ce retira vers l'Empereur Charles Quint qui le fit generalissime de ses troupes en Italie ou il alla mourir les armes a la main sur les murs de Rome qu'il escalada le 6 may 1527. Apres sa retraite de France et même apres sa mort, le Roy sceant en son lit de justice le declara criminel de Leze Majesté, declara tous et chacuns ses biens feodaux tenus de la couronne de France retournés a icelle et chacuns ses autres biens confisqués par arrest du 26 juillet 1527.

Louise de Savoye. — Le 25 d'aoust (*Ste Marthe*) en suivant le Roy et Madame Louise de Savoye sa mere passerent une transaction a la Ferté sur Oyse, par laquelle la dite dame devint proprietaire des biens de deffunte Suzanne de Bourbon et entr'autres choses de la Duché pairie de Chatellerault pour en jouir pendant sa vie a la charge qu'apres sa mort elle passeroit a Charles Duc d'Orleans, de Bourbon et d'Angouleme, son troisieme fils,

comme faisant partie de son apanage (¹). Il a eté necessaire d'entrer dans ce detail pour parvenir a etablir la
proprieté de la Duché pairie de Chatellerault a Madame
Louise de Savoye. On presume que c'est cette princesse
qui a fait bastir le nouveau Chateau de Chatellerault qui
subsiste actuellement, en ce que ses armes sont sur la
porte (²).

(¹) Les Fils du Roy de France ne pouvant participer à la
succession, on leur accordait en *apanage* certaines provinces
qui revenaient à la couronne, soit à leur mort, soit à l'extinction de leur descendance masculine. Les filles de France
reçurent des apanages comme les fils jusqu'au temps de
Philippe-Auguste. Depuis ce règne elles ne reçurent plus
qu'une dot en argent. — (*Dezobry et Bachelet. — Dictionnaire
d'histoire et de géographie.*)

(²) Le nouveau château était la troisième demeure des
Vicomtes de Châtellerault.

Il a été question à la page 25 du *premier* qui était situé
dans le quartier du Vieux-Palais.

Le *second* occupait l'espace compris entre la rue de la
Boucherie, la rue de l'Ancienne-Prison et la Grande Rue ; il
s'étendait en outre dans la partie Nord-Est de la Place du
Marché où se trouvait l'ancienne salle des gardes qui avait
été convertie en boucherie et a été démoli en 1899.

Le *troisième* et dernier château n'a pu être bâti par Louise
de Savoie car elle n'est entrée en possession du Duché qu'en
1527.

Or le Livre Noir qui a été rédigé entre les années 1422 et
1445, parle du susdit château et spécifie l'endroit qu'il
occcupait à cette époque, près des Halles.

Il a été bâti en 1423 par Jean VI d'Harcourt ; d'ailleurs le
style des bâtiments qui restent est bien de la première moitié
du XIV⁰ siècle. Ils sont situés rue Gaudeau-Lerpinière et
sont habités par Mᵐᵉ de la Martinière.

Charles Duc d'Orléans. — Cette princesse
etant partie de Fontainebleau au mois de septembre 1531,
pour aller a Romorantin en Berry tomba malade en chemin et s'aresta a Gray en Gatinois ou elle mourut le 22
dudit mois de septembre, elle fut transportée a St Denis
en France ou elle fut inhumée et apres sa mort, le Duché
pairie de Chatellerault passa a Charles Duc d'Orleans, son
petit fils troisieme fils de François premier ainsy qu'il
avoit eté reglé par la transaction cy dessus.

Saint-Roch. — Environ ce tems la, la ville de Chatellerault et ses environs furent affligés d'une maladie con-
gieuse qui emporta beaucoup de monde ce qui fit que les
personnes constituées en dignité de la Ville, tant de l'un
que de l'autre sexe, ecclesiastiques et laïques erigerent
une confrerie en l'honneur de Saint Roch dans l'Eglise
des Minimes avec approbation des grands vicaires de Poitiers, le siege episcopal vacant pour lors (1).

François 1er et Charles Quint. — En 1539, la ville de
Chatellerault fut honorée de la presence des deux plus
grands monarques de l'Europe, sçavoir : de François 1er
et de l'Empereur Charles Quint qui alloit en Flandres et
au devant duquel François 1er alla jusqu'a Chatellerault.
Ce même roy s'y trouva encore au mois de Juin de l'année 1541 et ce fut dans cette ville que les ordonnances sur
le fait des *Gabelles* et foraines furent compilées puisqu'elles

---

Mais comme François Ier aimait beaucoup venir à Châtellerault, Louise de Savoie, sa mère, avait fait ajouter au château
une galerie dite de François Ier, et elle en profita pour faire
mettre ses armes sur la porte dudit château.   C. P.

(1) Une chapelle a été érigée en l'honneur de *Saint-Roch*
dans l'église de Saint-Jean-Baptiste pour conserver le souve-
nir de celle qui existait dans l'Eglise des Minimes.   C. P.

sont dattées de Chatellerault le premier dudit mois de juin 1541 (*Conference des Ordonnances*).

Noces salées. — Ce fut dans le même tems que le duc de Cleves se retira en France se declarant pour me servir des termes de l'auteur, Amy et confederé du Roi et sous ombre de ce, trouva moyen de contracter mariage avec Madame la princesse de Navarre (Jeanne d'Albret) fille unique et heritiere du Roy Henry d'Albret Roy de Navarre et de Madame Marguerite sœur du Roy sa femme.

Ce mariage fut fait en la ville de Chatellerault (*Dubouchet.* — *Annales d'Aquitaine*) ou etoient Le Roy, La Reyne. Mgr le Dauphin, Mgr le Duc d'Orleans, M^r le Connestable, M^r L'Amiral, M^r Le Reverendissime Cardinal de Lorraine et plusieurs autres Princes de France, Cardinaux, Evesques, Seigneurs et Gentilshommes. Les Princes et Chevalliers y firent joustes et Tournois, Messeigneurs le Dauphin et Duc d'Orleans y firent leurs festins ; particulierement dans la Garenne, le bois de Chatellerault, joignant la Ville. Ils y firent dresser des salles, arceaux et Galleries de triomphes pour les dames, le tout en verdures naturelles et en sy bon ordre que rien mieux. On y donna mains coups de lances a l'honneur des dames. Ces noces (*Mezeray*) furent celebrées avec une profusion que l'on fit payer au peuple par l'augmentation de la gabelle, aussi les nomme-t-on les *noces sallées* (¹).

Mais comme Jeanne d'Albret n'avoit que onze ans, le mariage ne fut pas consommé et ses peres et meres n'ayant pas consenty, le firent dissoudre et cette princesse fût

---

(¹) Voir l'Extrait de la *Chronique du Roy François premier*, publiée dans le Bulletin de l'Association Amicale des anciens Elèves du Collège de Châtellerault au mois de décembre 1905.　　　　　　　　　　　　　C. P.

mariée a Moulins en Bourbonnais, le 18 octobre 1348 a Antoine de Bourbon duc de Vandome (*Mezeray*) et fut mere du Roy Henri 4.

En l'année suivante 1542 (*Ste Marthe*), M. le Duc d'Orleans et de Chatellerault fut envoyé par le Roy son pere a la Conqueste du Luxembourg qu'il executa heureusement, setant randu maistre de Damvilliers, Yvoy, Luxembourg et autres places. Mais ces conquestes ayant eté reprises par l'Empereur, M^r le Duc y retourna l'année suivante 1543 et reprit Luxembourg (*Ste Marthe*).

L'année immediatement apres 1544, la paix se fit et par un article du traité, M. le Duc devoit epouser la fille ou la niece de l'Empereur Charles Quint dans six ans. La Providence en disposa autrement, M^r le Duc de Chatellerault mourut d'une pleuresie dans l'abbaye de Forest Moutier en Picardie, sans avoir eté marié et par sa mort la Duché Pairie de Chatellerault, se trouva reunie a la couronne et n'en a jamais eté separée du depuis, que par don d'uzufruit et par des titres d'engagements a faculté perpetuelle de rachapt.

Les Roys dans la suitte en ont fait de trois sortes d'engagements dont le dernier subsiste encore aujourdhuy dans l'illustre maison de la Trimouille.

Engagement a Jacque d'Hamilton. — Le premier fut fait par Henri 2 a Jacq^e Hamilton Comte d'Aran, gouverneur d'Ecosse par lettres patentes du 6 mai 1549. Elles portent que le Roy luy donna le Duché de Chatellerault pour L = 1200. — a prendre sur les aides de Poitiers, en recompence de certaines places fortes et de ce qu'il avoit conduit en France la jeune reine d'Ecosse, c'etoit Marie Stuard, pour estre mariée avec le Dauphin son fils lorsqu'ils seroient en age. Mais le comte d'Aran ne jouit pas longstems de la Duché Pairie de Chatellerault où il abusoit de son authorité et dont il faisoit une petite République ayant foit venir un ministre de Poitiers. Il y dressoit des assemblées de Religionnaires. Complice d'ailleurs de la Conjuration d'Amboise, a ce qu'on pretend, je n'asseure pas (¹), il se sauva trois jours avant que. Mrs de Lude, de Lansac et de Monpezat pussent executer les ordres qu'ils avoient de le prendre mort ou vif; ce fut en 1559. Et par trahison sil y en eut (ou en concequence d'un Edit de la Reunion des Domaines engagés), il perdit la Duché Pairie de Chatellerault qui retourna dans les mains du Roy. Ce que l'on conjecture par les termes de l'acte suivant : Il y a dans le thresor de Chatellerault un proces verbal du 29 novembre 1559, en execution d'une commission adressee aux officiers de la ditte ville Par le Roy, signée François et au dessous Bourdin, qui porte que le Roy par son Edit, ayant ordonné la reunion a son dommaine et tout ce ce qui en avoit eté aliené et notamment la Duché de Chatellerault ou il a apris que le Comte d'Aran et ses gens ont commis plusieurs degats et malversations, il ordonna aux officiers d'en faire leur Proces Verbal et de chasser par toutes sortes de voyes, les gens du Comte d'Aran, de ce qu'ils possedaient dans la Duché, ce qui fut executé.

Les seigneurs de la maison d'Hamilton ont fait en differens tems des remontrances au Roy pour lui demander justice sur l'eviction qui avoit eté faitte a un de leurs autheurs, de cette Duché Pairie tant en principal qu'en interest ou non jouissance, raportant avec emphase tous les services qu'ils avoient rendus a l'Etat et pour raison desquels, on leur avoit donné ce dommaine, sans dire un

---

(1) Histoire ecclésiastique des Eglises réformées, imprimé à Anvers en 1580, Tome Ier, f°s 198 et 319. — *Note de Roffay.*

seul mot des raisons qui avoient operé cette eviction ; aucunes de ces remontrances n'ont eu d'effet quand au fond,
elles ont seulement procuré de tems en tems quelques
ordonnances de comptant sur le Tresor royal de 12 000 l.
chacunne en faveur de quelques seigneurs de cette maison, marque que leur droit n'estoit pas tout a fait sans
fondement ; mais lors du traitté de paix Dutrecht il fut
convenu sur les instantes sollicitations de la Reine d'Angleterre, que le Roy payeroit au duc d'Hamilton *tous les
arrerages qui etoient dubs* pour la non jouissance de la
Duché pairie de Chatellerault qu'on prenoit depuis 1559
jusques au tems de 154 ans environ et qu'on fit monter a
80 000 livres sterlin, ce qui revenoit pour lors a 1 700 000
livres de notre monnoye. Le duc d'Hamilton nommé am-
bassadeur d'Angleterre en Cour de France, se proposait
de recevoir cette somme considerable qu'il devoit parta-
ger avec le le Comté d'Abracorn, seigneur de la mesme
maison, ainsy qu'ils en estoient convenus en ensemble ;
mais deux incidens qui survinrent, rompirent toutes ces
mesures. Le premier fut celui de la mort de ce mesme
duc d'Hamilton qui fust tué comme il estoit prest a venir
en Ambassade en France ; le second fut la mort de la
Reine d'Angleterre qui arriva peu de tems apres, ce fut
en 1714. Le Comte d'Abrecorn, reprit les errements de
cette affaire en 1715 a l'avenement a la couronne de nostre invincible monarque Louis 15 ; la decision en fut remise a sa majorité, ce qui la tint en suspent jusques en
1723 que le duc d'Hamilton, fils du precedent estant a
Paris, abandonna tous ses droits et pretentions a la Duché
pairie de Chatellerault tant en principal qu'en arrerages
pour la somme de 7 000 livres sterlin qui vallent 168 000
livres de notre monnoye actuelle et par la fust terminée
cette grande affaire dans laquelle quoy qu'elle ne fut que

celle d'un particulier, la Reine d'Angleterre setoit vivement interessée.

Droit de quart et de demy quart de sel. — En 1553, le Roy Henri second passa un contrat avec les habitans des provinces de Poitou, Saintonge, Aunis, Guyenne et autres qui y sont compris pour le rachapt du droit de quart et demy quart de sel (¹) qui y avoit eté etably, pour le prix de ʟ = 1 194 000. Les habitans de la Ville de Chatellerault payerent leur contingent de cette somme, jouyrent de la franchise et du droit de cette somme de tenir du sel, en magazin, de le vendre et debiter, ainsi qu'ils le faisoient cy devant, ce qu'on rappellera dans la suitte avec des circonstances fascheuses.

Eaux et Forest. — La Ville de Chatellerault fut encore decorée en 1554 d'une juridiction des Eaux et Forest composée d'un maitre particulier, d'un lieutenant, d'un procureur du Roy, d'un garde marteau, d'un greffier et d'un receveur particulier des buis.

Marechaussée. — Environ ce tems là, elle le fut encore d'une *marechaussée* (²) provincialle composée d'un Prevost qui etoit le chef et qui prenoit la quallité de *vissenechal* du Pays Chatelleraudois, d'un Lieutenant, d'un assesseur, d'un procureur du Roy, d'un greffier, d'un Exempt et de quatre archers qui a subsisté jusqu'à la suppression generalle laquelle arriva en 1720.

(¹) Cé droit qui remplaçait l'impôt de la Gabelle, était comme son nom l'indique du quart ou du demi-quart du prix de vente du sel.

(²) La *Maréchaussée* était composée de troupes à cheval réparties en province et destinées à assurer la sécurité publique. Elle a disparu avec la Monarchie et a été remplacée par la *Gendarmerie.* — *(Chéruel. — Dictionnaire des Institutions de la France).*

Maison de ville. — Le Roy Charles 9 par son Edit donné à St-Germain en Laye au mois de janvier 1561, crea pour la ville de Chatellerault un collège perpétuel représentant tous les corps et habitans d'icelle qu'il composa d'un Maire, et de deux Echevins ellectifs, le Maire de trois en trois ans et les Echevins d'an en an auxquels il attribua toute justice et juridiction pour la police privativement a tous autres juges ordinaires a l'instar de Poitiers et Tours, villes circonvoisines ; lequel Edit fut enregistré au Parlement le 4 mars 1565 avec certaines modifications portées aud. arrest transcrit à la fin de ce volume. Outre ces officiers, il y a encore douze Conseillers de ville, en ce, non compris les officiers de la Senechaussée, lesquels ont droit non seulement d'assister aux assemblées, mais encore d'y presider, droit qui leur est attribué par l'arrest de veriffication seulement les lettres patentes les en excluant, ce seroit l'endroit de raporter la creation des conseillers de ville ; on na pu la trouver. Mais il faut qu'elle soit très proche de celle de la Maison de ville, puisqu'il en est fait mention dans un reglement de 1599, fait par un conseiller de la Cour (qui dessendit a Chatellerault) entre les Maires, Echevins et Conseillers de Ville d'une part et les officiers de la senechaussée d'autre.

Pillage des Eglises par les heretiques. — Nous avons cy devant dit que le Comte Daran tenoit des assemblées de Religionaires a Chatellerault, ou du moins dans sa maison de la Berlandiere ou il faisoit prescher des ministres qui corrompirent et infectèrent de leur heresie plusieurs habitans de la ville de Chatellerault qui etoient allés par simple curiosité pour les entendre. Ils se multiplierent si fort et en sy peu de temps, qu'en l'année 1562, ils saccagerent, pillerent et demollir les Eglises des Couvents des Corde-

liers, des Minimes et plusieurs autres de la Ville (*Charles
des Minimes de Chatellerault*) dont informations furent
faites a la requeste du Procureur du Roy, en concequence
desquelles M. le Duc de Montpensier pour lors Lieutenant
General pour le Roy es pays de Guyenne, de Poitou rendit
une ordonnance le 5 septembre de la ditte année 1562,
portant injonctions au Lieutenant General, procureur du
Roy et autres officiers du Roy a Chatellerault de faire lever
et prendre sur les plus clairs deniers provenant de la
vente des fruits et revenus des biens des Religionnaires,
la somme de $L = 300$, pour estre, par moitié employée aux
reparations plus urgentes et necessaires des Eglises des
dits religieux, 30 septiers de bleds et 15 pipes de vin pour
la noriture des Peres Cordeliers ; 15 septiers de bleds
et 7 pipes de vin pour celle des Peres Minimes affin qu'ils
puissent continuer a faire le service divin, et ce par provision et jusqu'a ce que le Roy ou Justice en ussent autrement ordonné. Et le 28 du dit mois, le s^r de Monpezat
gouverneur et senechal de Chatellerault ordonna que la
dite somme, bleds et vin fussent payés et fournis par plusieurs denommés en son ordonnance, ce qui fut executé
en partie seulement, parce que les particuliers qui se
trouverent chargés dans les informations faites a la requeste
du Procureur du Roy obtinrent du Roy Charles 9, des
lettres de Pardon données au camp devant Rouen, le 13
octobre de la ditte année (*Duplex*) et certaines autres
lettres royaux le 9 juillet de l'année suivante par lesquelles
ils pretendirent se faire rambourser de ce qu'ils avoient
eté contraints de donner aux dits religieux et pour ce formerent action par devant les commissaires deputés par le
Roy pour l'entretien de l'Edit de Pacification et pays
de Poitou, Saintonge, la Rochelle et Pays d'Aunix,
mais ils furent par leur sentence du 5 aoust de l'année

suivante deboutés de leurs pretentions et les religieux reciproquement du droit de la poursuitte du par sus, restant a recevoir suivant l'ordonnance de M. le Duc de Montpensier.

Engagement à Diane legitimée de France

Ce fut en ce tems la que la Ville et Duché Pairie de Chatellerault sortirent pour la seconde fois des mains du Roy, par le don que Charles 9, en fit a titre d'uzufruit seulement a *Dianne legitimée de France*, sa sœur, duchesse douairiere de Montmorancy, par lettres patentes, du 22 juin 1563, confirmées par autres du mois de juillet 1571 (*Chopin. — Du Dommaine de France*).

Cette princesse etoit une des plus accomplis, par son esprit, sa vertu et ses autres qualitées que la France eut vue naistre jusqu'alors. Elle avoit epousé en premieres noces, François de Montmorancy, Maréchal de France, fils d'Anne de Montmorancy, connestable de France.

Elle ne jouit pas jusqu'a sa mort de cette Duché Pairie. Elle en fut evincée par l'engagement que le Roy Henri 3, en fit a François de Bourbon, Duc de Montpensier en 1552, comme il se verra cy apres ; les lettres portent qu'elle en sera dedomagée, il est a presumer qu'elle la eté.

Juridiction Consulaire. — Le Roy voulant donner une nouvelle preuve de sa bienveillance a la ville de Chatellerault, crea par Edit donné a Moulins au mois de Mars 1566, une *Juridiction Consulaire* (¹) dans la Ville de

---

(¹) La *Justice Consulaire* était exercée par des marchands élus pour un an, qui prenaient le nom de *Juges Consuls*, ils connaissaient de toutes les contestations commerciales. Depuis la Révolution, cette juridiction a été remplacée par celle des *Tribunaux de Commerce.* — (*Chéruel.* — *Dictionnaire des Institutions de a France*).

Chatellerault, composée d'un juge et de deux consuls, a l'instar de celle de Paris creé par Edit de 1563.

Prise de Chatellerault. — Les Religionnaires dont le party s'augmantoit de jour a autre, assiegerent et prirent en l'année 1569 *(Duplex)* la Ville de Chatellerault et plusieurs autres qui furent la plupart saccagées contre la Foy publique, apres s'estre randues. Ils renverserent plusieurs Eglises dans la Ville de Chatellerault et notamment celle des Peres Minimes et tuerent un religieux de cet ordre qui se retiroit pour eviter leur fureur.

Siege de Chatelleruult. — Ce fut dans cette mesme année que l'Amiral de Colligny, General de l'armée des Protestans, assiegea Poitiers ; on sçoit avec quelle valleur les habitans de cette ville deffendirent leurs remparts et de quelle concequence il etoit pour l'Etat de la secourir. M. Le Duc d'Anjou frere du Roy et depuis Roy de France, sous le nom d'Henri 3 *(Duplex)*, averty du danger ou elle se trouvoit et sollicité d'aller a son secours, rassembla a La Haye, en Touraine, une armée de dix mil hommes et de cinq mille chevaux tant François, Italiens qué Reistres, mais elle n'etoit pas assés forte pour tenir la campagne devant celle des Protestans qui luy etoit infiniment supeperieure ; ce qui fit prendre le party a M. Le duc d'Anjou, de faire le siege de Chatellerault, sachant que cette place etoit d'une tres grande importance pour les protestans, par sa situation. Il sçavoit d'ailleurs qüe plusieurs seigneurs de ce party malades ou blessés au siege de Poitiers, si etoient retirés pour se rafraichir et que l'Amiral n'en souffriroit point le siege sans la secourir, ce qui seroit une diversion et l'obligeroit a lever celuy de Poitiers, ce qui arriva comme Monsieur l'avoit esperé.

Pour cet effet, Monsieur commensa par faire la revue de son armée a La Haye et en partit le 5 sep^bre 1569 et

vint camper le même jour a Ingrande. qui n'est qu'a une
poste de Chatellerault ; le 6 fut employé a conduire l'artillerie pres de Chatellerault, elle fut trainée par des
Suisses. Le reste du jour fut employé a reconnoistre la
place dont les Protestans avoient brulé le fauxbourg de
Ste-Catherine qui est celuy qui couvre la porte de son nom
pour empescher que les catholiques ne sy logeassent. La
nuit du 6 au 7, c'etoit un mercredy, on dressa deux bat-
teries devant la dite porte de Ste Catherine (¹) qui firent
un tel feu que sur les deux heures apres midy dudit jour,
il y eut une bresche de 60 toises de long. Monsieur l'ayant
fait reconnoistre et trouvée en etat de donner l'assaut, ordonna qu'on y monstat, sur quoy intervint contestation
entre les François et les Italiens qui estoient dans l'armée
de Monsieur, a qui monteroit les premiers a l'assaut.
Les Italiens pretendoient qu'estant troupes auxillieres, cet
honneur leur devoit estre deferé, les François au contraire
soutenoient qu'etant sujets du Roy, ils ne devoient ceder
cet honneur a personne ; que d'ailleurs, disoient-ils aux
Italiens, en qualité de troupes auxilliaires ils ne devoient

---

(1) L'auteur est en contradiction avec l'un des témoins
oculaires de la bataille, *Lancelot Voisin de la Popelinière*, qui
raconte tout au long l'assaut de Châtellerault, dans *La Vraye
et entière histoire des troubles.*

« La bataille, dit-il, commença le septième du mois, de
« grand matin, *près la porte Sainte-Catherine, entre une tour
« de la porte et la plus prochaine tour tirant vers la porte
« Saint-Jean.* »

Ce n'est donc pas devant la porte Sainte-Catherine que se
posta l'artillerie du duc d'Anjou, mais bien sur le côté ;
d'ailleurs l'hôtel du Chastelet (aujourd'hui la prison) porte
encore la trace des balles tirées par les catholiques qui donnèrent assaut par la brèche pratiquée en face.   C. P.

servir qu'a leur deffaut ; cette altercation fit perdre un
tems dont les assiegés surent parfaitement profiter pour
executer le projet que l'on verra dans un moment et qui
fut funeste a ceux en faveur de qui la question fust decidée. Monsieur voyant que la discussion s'echauffoit et
quelle pouvoit avoir des suittes fascheuses, prit le party
de les faire tirer au sort qui fust favorable aux Italiens,
lesquels eurent l'honneur de monter les premiers et seuls
a l'assaut, ce qu'ils firent avec beaucoup de valleur. Leur
surprise fut extreme, lorsque montant sur la bresche, ils
ny trouverent personne pour la deffendre, ny aucun re-
tranchement devant eux. Ils sy logerent et avoient desja
planté 17 enseignes, lorsqu'ils se virent accablés d'une
gresle de balles qui leur etoient tirées des maisons de la
ville qui faisoient face a la bresche que l'on avoit percée
pour cet effet en mille endroits et dans lesquelles on avoit
logé de bons arquebuziers (¹), joint a cela que les soldats
de la garnison qui s'etoient retranchés avec des gabions
sur les flans de la bresche, sortirent de leurs retranche-
mens a droite et a gauche, en même temps, et prirent les
assiegeans en flanc, qu'ils chargerent avec une fureur in-
concevable. Les assaillans se voyant assaillis de toutes
parts et surtout par des troupes invisibles dont ils ne
pouvoient se deffendre ny les combattre, songerent a faire
retraite (*Duchesne. — Traité du Poitou*), ce qu'ils execu-
terent avec une perte considerable et surtout d'un grand
nombre de leurs officiers et des principaux dont plusieurs

(¹) Ce qui confirme l'opinion exprimée d'autre part, car en
face la porte Sainte-Catherine les maisons se trouva'ent à
une plus grande distance et de plus les défenseurs de la porte
auraient pu empêcher l'artillerie ennemie de s'établir aussi
facilement,   C. P.

moururent encore de leurs blessures apres leur retraite
et notamment Octavian de Monte Alto, Fabian de Monte
neveu du pape Jule troisiesme, Caloches·Sandre et huict
capitaines *(Daubigné)* et Justinian Cencio, enseigne qui
seul penetra dans la grande rue ou il fut percé de coups
s'estant enveloppé dans son drapeau. Ils y laisserent plusieurs prisonniers et cinq enseignes du nombre de celles
qu'ils avoient plantées. Action qui auroit fait tout l'honneur possible aux assiegés s'ils avoient combattu pour une
meilleure cause (¹).

Monsieur se disposait a faire donner un nouvel assaut
a la ville le lendemain 8 dudit mois par les François qui
ayant pris des precautions contre les ruses de la veille,
l'eussent sans doute emportée, lorsqu'ils furent averty que
l'armée des huguenots qui etoit devant Poitiers avoit levé
le siege au bruit du canon qui battoit Chatellerault pour
le venir secourir : que l'avant garde paroissoit desja et
etoit en presence de la sienne, la riviere entre deux, qu'ils
avoient jetté 400 arquebuziers dans la place, par la com-
munication du pont; ce qui fit prendre le party a Monsieur
de lever aussy le siege de Chatellerault et de se retirer en
Touraine, contant d'avoir executé son projet qui etoit de
faire lever le siege de Poitiers qui auroit indubitablement
succombé et que d'ailleurs sa petite armée n'etoit pas en
etat, ny assés forte pour livrer bataille a celle des huguenots ainsy qu'on le remarque cy devant.

Monsieur qui avoit preveu que sy le siege de Poitiers
se levoit et que les troupes qui l'assiegeoient, vinssent secourir Chatellerault, il seroit obligé d'en lever le siege,
prit le party des que la bresche fut faite, et qu'il eut com-

---

(¹) L'auteur exprime ici une opinion personnelle empreinte
d'une grande partialité.   C. P.

mandé aux Italiens de monter a l'assaut de faire retirer son artillerie du costé du Port de Pille, ce qui luy donna une avance de 12 a 15 heures, sur la marche de ses troupes qui en levant le siege, allerent camper a la Celle a 4 lieues de Chatellerault apres avoir passé la Creuze au Port de Pille, seul endroit ou elle se trouve pour lors gayable.

L'armee des Protestans s'etant aperçue le 8 au matin du delogement de celle de Monsieur, passa la Vienne sur le pont de Chatellerault, traversa la Ville et la suivit vivement, mais Monsieur etant party sans que les huguenots en fussent averty, avoit tellement pris les devants qu'ils ne purent le joindre. Ils furent encore arrestés au Port de Pille au passage de la Riviere de Creuze par 2 000 arquebusiers et quelques cornettes de cavallerie que Monsieur y laissa pour deffendre le passage et donner le tems au gros de son armée de se retrancher a la Celle, ce qui fut heureusement executé et cette retraite fut regardée comme un coup de maistre, ce qui obligea l'amiral de Coligny d'abandonner le passage du Port de Pille et de faire sonder la riviere en plusieurs endroits pendant lequel tems, le detachement qui avoit sy vigoureusement deffendu le passage de la Creuze au Port de Pille, rejoignit le gros de l'armée. L'Amiral trouva cependant un gué, entre le Port de Pille et La Haye. Il y fit passer son ararmée et essaya mais inutilement d'engager Monsieur de donner bataille, ce qui l'obligea de tourner ses veues et ses pas d'un autre costé; Monsieur prit la route de Chinon ou il reçut un renfort considerable, il alla a Loudun et de la a Moncontour ou se donna cette fameuse bataille que Monsieur gagna et qui affoiblit beaucoup le party protestant. Le reste n'etant point de notre histoire, j'en demeureray la pour la reprendre.

Engagement a François de Bourbon. —

La troisiesme alienation de la ville et Duché Pairie de Chatellerault, fut enfin faite par Henry 3 a François de Bourbon, duc de Montpensier (¹) par Lettres patentes du 26
9ᵇʳᵉ 1582, Veriffiées en Parlement le 13 Mars 1584, pour
la somme de 50000 Ecus d'or sol, evaluées a L = 150000
a la charge de rachapt perpetuel, laquelle somme fut payée
en compensation de 42502 Ecus 1/2 sols valant 127508 ᴸ
10 a quoy montojent les alienations faites par Louise de
Savoye, regente, mere de François 1ᵉʳ et Henry second,
de certains dommaines et fiefs dependants de la principauté de Dombes, pendant le tems que lesdits Roys en
avoient jouy a titre de confiscation sur Charles de Bourbon connetable de France lorsqu'il quitta le service du
Roy. Laquelle principauté fut remise a Louis de Bourbon
pere de François 1ᵉʳ (²) et ledit Louis de Bourbon, le 30 9ᵇʳᵉ
1560 avec promesse de la part du Roy, de retirer lesdits
dommaines de Dombes engagés, dans 4 ans, du jour de
la transaction pour les y rejoindre, ce qui n'ayant point
eu son execution, le Roy Henry 3 fit l'engagement cy
dessus a François de Bourbon, pour estre et demeurer
quitte envers luy, des dittes alienations et du rachapt ou
retrait d'icelluy et comme le prix de l'Engagement etoit
plus fort que celuy des alienations de Dombes, le dit seigneur François de Bourbon paya comptant l'excedant qui
se montoit a 7497 ᴸ 1/2 ecu sol, vallant L = 22492 .. 10

(¹) Il était fils unique de Louis de Bourbon de Montpensier
et de Jaqueline de Longwi et avait épousé Renée d'Anjou,
fille unique de Nicolas d'Anjou, Marquis de Mézières en
Brenne. Il combattit vaillamment aux batailles de Jarnac et
de Moncontour (*Sainte-Marthe*, tome 2).

(²) C'est une erreur, le père de François Iᵉʳ était Charles
d'Orléans, comte d'Angoulême.

et se reserva le droit et la faculté de retirer luy mesme et a ses depens les parties de sa Principauté de Dombes engagées au alienées. Le Parlement tousjours attentif a la conservation des droits du Roy et du sacré Domaine de la Couronne, ne verifia les dites lettres qu'en obtemperant aux tres expres commendemens du Roy sur les remontrances faittes a Sa Majesté par la Cour et les avocats et Procureurs generaux et tousjours a la charge de retrait perpetuel et que l'Impetrant ne pouroit couper les bois de futaye et que les provisions des offices et collations des benefices autres que ceux qui sont en patronage demeureroient au Roy. M. le Duc François de Bourbon et Montpensier, nouveau duc de Chatellerault y fit son entrée au mois d'avril 1585 et y fut reçu avec tout l'appareil que l'on peut mettre en œuvre et arrangué par toutes les compagnies, corps et communautés de la Ville.

Henry de Bourbon. — Il mourut le 4 juin de l'année 1592 a Lizieux, et par sa mort, Henry son fils, luy succeda, en toutes ses seigneuries et nommement au Duché de Chatellerault. Il epousa Henriette Catherine de Joyeuse, heritiere de l'Ancienne et illustre maison de Joyeuse, fille unique de Henry duc de Joyeuse et Comte de Bouchage, Marechal de France (*Ste Marthe*). M. le Cardinal de Joyeuse, archevasque de Rouen son oncle fit la ceremonie du mariage dans l'Eglise de Notre Dame de Clery.

De ce mariage sortit une fille unique nommée Marie qui succeda a Henry son pere, au Duché de Chatellerault, par sa mort arrivée le 27 feuvrier 1607.

Marie de Bourbon. — Marie de Bourbon fut mariée a Gaston de France, Duc d'Orleans, frere de Louis 13. Le mariage fut celebré dans l'Eglise des Minimes de Nantes (*Decoste en son Eloge*).

**Mademoiselle Anne Marie Louise d'Or-
leans.** — Ils eurent pour unique heritiere, Mademoiselle Anne Marie Louise d'Orleans qui par concequent fut
duchesse de Chatellerault et s'appella Mademoiselle, laquelle etant morte sans alliance fit son legataire universel Philippe de France, duc d'Orleans, frere de Louis 14
par son testament olographe du 17 feuvrier 1685, lequel
fut entheriné par arrest du 21 avril 1693. Cette princesse
etoit née le 29 may 1627, sept jours avant la mort de
Made sa mere, Mr Le Duc d'Orleans son pere en ayant la
garde noble, a eté qualifié Duc de Chatellerault dans tous
les actes jusque a la majorité de Mademoiselle et mesme
apres a cause de l'usage dans lequel on etoit de le faire.

Henri Charles de la Tremouille. — Char-
les de la Tremouille prince de Tarente, Monsieur le Prince
de Talmond, Madame Charlotte Amelie de la Tremouille
princesse d'Oldembourg freres et sœurs, avoient l'honneur
d'estre heritiers en partie de Mademoiselle du costé des
Montpensier comme descendants de Charlotte de Bourbon
femme de Guillaume de Nassau Prince d'Orange.

Par transaction portant partage du 21 Juin 1694, entre
Monsieur comme legataire universel de Mademoiselle et
M. le Duc de la Tremouille faisant pour Mr son frere et
Madame sa sœur, heritiers en partie de Mademoiselle,
Monsieur leur ceda la Duché Pairie de Chatellerault et la
Vicomté de Brosse pour tout ce qui appartenoit a leur
branche, dans la succession de Mademoiselle.

Apres la mort de M. Charles duc de la Tremouille,
Charles de Bretagne Duc de la Tremouille, son fils vendit
Chatellerault a M. d'Albergatty sur qui M. Le Prince de
Talmont le retira le 8 aoust 1714.

**Frederic de la Tremoille Prince de Tal-
mont.** — Ce retrait mit cette ville pour ainsy dire dans

son etat naturel en la remettant entre les mains d'un seigneur de la quallité de M^r Le *Prince de Talmont* de la famille de qui elle n'etoit sortie que par une legere eclipse, on a vu cy devant l'honneur qne cette ville a eu d'avoir pour seigneur un Roy de Sicile, plusieurs princes et princesses de sang, qui tous luy ont fait l'honneur d'inserer son nom dans leurs qualités. Il luy a manqué pendant quelque temps cet honneur, mais elle vient de le recouvrer en la personne de M. Anne Charles Frederic fils unique de M^r Le Prince de Talmont qui en a esté fait Duc le 11e octobre 1730. Ce seigneur est né le 17 novembre 1711.

Je me dispenserai de plasser icy sa genealogie, parce qu'elle est assés connue non seulement en France, mais dans toute l'Europe, par l'honneur que cette maison a d'avoir contracté des alliances avec presque tous les souverains et potentats du Monde Chrestien. Mais depuis quelques années, elle en a fait une des plus honorables par le mariage que ce seigneur a fait par Contrat du 12e octobre 1730, avec Madame Marie Louise Jablounouska Palatine de Russie fille de Mr Casimir Comte de Jablounousky General et Palatin de Russie et de Dame Louise de Bethune Generalle et Palatine de Russie, &^a. &^n. Cette princesse est cousine Germaine de Sa Majesté Polonoise, le Roy Stanislas, Duc de Lorraine et de Bar et par concequent Tante de la Reine a la maniere de compter entre les princes,

De ce mariage est né le 12 avril 1734, M^r le Comte de Taillebourg qui fust baptisé le 14 aoust 1738 dans la Chapelle de Versailles et tenu sur les fonds de baptesme par Mg^r Le Dauphin et Mad^me Premiere de France qui le nommerent Louis Stanislas. Ce jeune Seigneur est beau, bien fait, plain d'esprit et de grande esperance.

Dans le moment que j'ecris ces memoires, j'aprends avec toute la douleur possible que M^r le Prince de Talmont n'est plus, il est mort le 21 janvier de cette année 1739 (¹). C'est une tres grande perte pour cette ville qu'il honnoroit de sa protection, mais non pas irreparable puisqu'elle tombe par cette mort entre les mains de M. Le Duc de Chatellerault digne fils d'un tel pere, heritier de ses vertus comme de ses biens.

J'apprends aussy que le Roy a nommé M. le Duc de Chatellerault au gouvernement de Sarlouis vacquant par la mort de M^r Le Prince de Talmont.

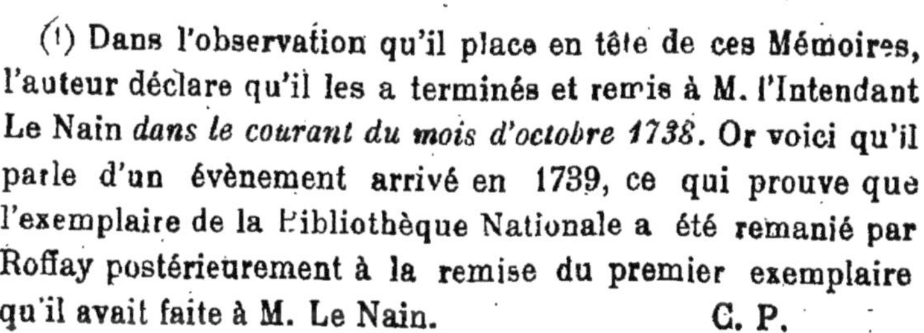

(¹) Dans l'observation qu'il place en tête de ces Mémoires, l'auteur déclare qu'il les a terminés et remis à M. l'Intendant Le Nain *dans le courant du mois d'octobre 1738.* Or voici qu'il parle d'un évènement arrivé en 1739, ce qui prouve que l'exemplaire de la Bibliothèque Nationale a été remanié par Roffay postérieurement à la remise du premier exemplaire qu'il avait faite à M. Le Nain.   C. P.

Faits se rapportant

a l'histoire de Chatellerault

Apres avoir conduit jusques au tems prescrit la succession chronologique des Seigneurs proprietaires Apanagistes et Engagistes de la Ville et Duché de Chatellerault, il convient de reprendre la suitte de certains faits qui la coneernent parmy lesquels nous n'en avons point de plus interessans que ceux de la *Religion Pretendue Reformée* (¹) que nous avons laissés au siege de Chatellerault.

Edification du Temple protestant. — Nous avons parlé en differens endroits des violences, excez,

---

(¹) On donne le nom de *Réforme* à la révolution religieuse qui agita l'Europe au XVI° siècle. Elle eut pour point de départ les hérésies de Luther et de Calvin ; leurs partisans étaient appelés *protestants* parce qu'ils avaient protesté en 1529 contre la diète de Spire. En France, on les nommait *huguenots* (de l'allemand *Eidgenossen*, conjurés) et leur religion était la *Religion prétendue Réformée*. — (*Chéruel. — Dictionnaire des Institutions de la France*).

pillages et demolitions d'Eglises par eux faits dans la ville de Chatellerault qui a esté par eux prises, sur eux reprises et pár eux encore reprises a plusieurs et differentes fois et tousjours avec effusion de sang et perte de biens des Catholiques et enfin remise dans son etat naturel, c'est a dire sous l'obeissance du Roy. Mais jusques a present nous n'avons pas parlé de l'exercice public de leur religion qui dans les commensemens se faisoit dans des maisons particulieres, ensuitte dans des Chateaux hors la ville, sçavoir a la Berlandiere du tems du Comte d'Aran, ensuitte a la Tour d'Oyré et ailleurs et enfin dans un temple public basty au milieu de la Ville de Chatellerault (¹).

Le titre en vertu duquel il fut construit est assés curieux pour estre raporté. Ce fut en consequence d'un ordre auquel on donnera telle qualification que l'on voudra, emané de l'authorité du Roy Henry 4, pour lors Roy de Navarre seullement, puisqu'il est datté du 23 Mars 1589, qu'il ny prit que ce titre et que l'on ne peut prendre son avenement a la couronne de France plustost que le 2 aoust 1589, jour du deceds d'Henry 3,

Le voici tout au long :

« Nous Henry par la grace de Dieu, Roy de Navarre ayant
« vu la requeste a nous presentée de la part des habitans de
« la Ville de Chatellerault, faisant profession de la Religion
« Reformée, avons ordonné et ordonnons que l'exercice de la
« Religion, sera mis et etably et lequel nous etablissons en

(¹) Le *temple protestant* avait été bâti sur l'emplacement du jeu de paume de Charton, appelé encore aujourd'hui *Cour du Prêche*, nom qui vient de ce que par extension on donnait aux temples protestants, à cette époque, le nom de *Prêches*, à cause des prédications qui s'y faisaient.

Cette cour se trouve en face la rué dés Fronteaux. C. P.

« la ditte ville et pour cet effet que les dits habitans s'accor-
« deront par ensemble d'un lieu et place, la plus commode
« que faire ce pourra, ou le dit exercice se fera :

« Avons enjoint et enjoignons aux sieurs de Rouhet gou-
« verneur et officiers de la ville a ce presents qu'ils tiennent
« la main a ce que les habitans de la dite Religion puissent
« vivre en repos et liberté sans estre injuriées, inquiettées,
« ny molestées, soit en leurs personnes et biens et generalle-
« ment faisons commandement a tous les habitans, tant d'une
« Religion que d'autre de vivre ensemble en bonne paix,
« Union et concorde, sans medire ny mefaire les uns aux
« autres, sur peine de Rebellion et desobeissance :

« Fait au Conseil tenu aud. Chatellerault le 23e Jour de
« Mars 1589. Les sieurs Comtes de la Rochefoucault, de Vi-
« gier, de Fay, Desreaux et autres dudit Conseil, tous pre-
« sents ainsy signé, Henry et plus bas, Par le Roy de Na-
« varre, Premier Prince du sang, Premier Pair de France,
« et protecteur des Eglises Reformées. Signé Dutay et
« scellée ».

Cet acte n'a ny la forme d'un Edit, ny d'une declaration, ny d'un arrest ; aussy tous ces actes ne pouvoient-ils
emaner que de l'authorité royalle, subsistante pour lors
en la personne de Henry 3; c'est donc une simple ordonnance d'un Prince Estranger mais a la verité, heritier
presomptif de la couronne et qui l'a eté reellement au
grand bonheur de la France et de qui sont issus les Roys
Louis 13, Louis 14 et Louis 15 notre auguste monarque
actuellement regnant, pour la santé, la prosperité et la
longue vie duquel, nous ne scaurions faire assés de vœux
au ciel, non plus que pour celle de Monseigneur le Dauphin dont nous espérons que la postérité nous gouvernera
jusqu'à la fin des siecles.

Le mesme jour 23 mars 1589, Antoine Blay et Fiacre

Proton, advocat et Procureur de ceux de la **R. P. R.** (¹),
presenterent requeste au sʳ Ferrand, lors Lieutenant General de la ville tendante a ce que l'ordonnance cy dessus
refferee fut Lue, Publiée et Enregistrée au greffe de la
cour pour pour y avoir recours, &ₐ, &,ᵃ &ᵃ... Sur les
difficultés que firent les officiers d'enregistrer lad. ordonnances, ils furent mandés par le Roy de Navarre auquel
ils firent leurs tres humbles remonstrances sur les griefs
que la Ville souffriroït de ce nouvel etablissement et autres
inconvenients qui en arriveroient, ils ne furent point
ecouttés, au contraire, le Roy de Navarre ordonna d'enregistrer lad. ordonnance sous de très rigoureuses peines,
ce qu'ils firent le mesme jour, par l'Exprès et Reiteré,
commandement du Roy de Navarre, sous les protestations
toutefois que firent les gens du Roy, que le tout seroit sans
prejudice des droits de qu'il appartiendroit.

Jamais titre ne fut plus vicieux que celuy dont se servirent ceux de la **R. P. R.**, pour fonder leur temple ; il
etoit emané d'une authorité illegitime, le Roy de Navarre
n'ayant pour lors aucun droit ny authorité dans la ville de
Chatellerault dont M. le duc de Montpensier, Prince très
vertueux et très catholique etoit Duc et qui n'avoit jamais
consenty a cet etablissement qui d'ailleurs se faisoit contre
la vollonté absolue du roy Henri 3 qui les deffendoit. Les
termes dans lesquels cet acte est conçu, l'opposition formée par les officiers de la ville à laquelle on n'eut aucun
egard, prouvent assés que cet etablissement n'a d'autre
fondement que celuy de la force.

Il fut mesme fait contre la disposition de l'article 4 de

(¹) R. P. R., abréviation pour *Religion prétendue réformée.*

C. P.

l'Edit de 1576 qui est le plus avantageux que ceux de la R. P. R. ayent obtenu, qui leur permettoit d'etablir l'Exercice de leur religion dans tous les endroits du Royaume pourvu que lesd. lieux et places leur appartinssent ou que ce fut du gré et consentement des proprietaires desdits Lieux. Peuvent-ils dirent que cet etablissement soit fait en concequence de cet Edit, non certainement, ils n'etoient point proprietaires de la ville de Chatellerault. Ils n'avoient point le consentement du Roy, du Seigneur duc, des officiers de Justice, ny de la plus seine et nombreuse partie des habitans de lad. Ville qui etoient catholiques. Ce qu'ils reconnurent si bien qu'ils eurent recours à une authorité etrangère que l'on a raportée. Cet etablissement n'est mesme pas fait dans les regles de leur propre discipline Eclesiastique.

Il semble qu'après un tel avantage ils devoient vivre en paix et y laisser les Catholiques, mais ce n'est pas l'Esprit de l'heresie. Ils continuerent a les molester et a detruire les Eglises, entrautres celle de St-Jean l'Evangeliste de Chateauneuf dont ils fondirent le clocher le 6 9bre 1591, dependirent les cloches et les emporterent en ville.

Assemblées Generales des protestants. — On voit par les soins que prirent ceux de la R. P. R. de se procurer un temple dans la Ville de Chatellerault *per fas et nefas*, de quelle consideration elle leur etoit. Ils en donnerent encore une preuve plus sensible en l'année 1597, en indiquant dans cette ville, une Assemblée Generalle ou tout ce qu'il y avoit parmy eux de Seigneurs, gens de consideration et de Ministres de distinction se trouverent. Ils y arriverent pour la plus grande partie les premiers jours de may et y resterent jusqu'a la fin de septembre de la ditte année 1597. Les motifs de cette assemblée etoit de demander au Roy des amplifications aux edits de pacification, donnés en leur faveur et dont ils n'etoient pas encore contents, quelques avantageux qu'ils fussent pour eux. Ils dresserent leurs cahiers et allerent les presenter au Roy. Leurs peines ne furent pas perdues. ils obtinrent en effet, la plus grande partie de ce qu'ils demandaient.

Ce fut dans cette Ville a l'occasion de cette assemblée et sur leurs remontrauces que le fameux Edit de Nante, sy connu et sy souvent cité, fut compilé; quoyqu'il soit daté de Nante au mois d'avril 1598; parce que le Roy sy trouva pour lors. Tout le Monde sçoit que cet Edit contient 92 art. En ce non compris 56 autres, appellés articles secrets, arresté le 2 mars suivant et qui eurent la mesme force que l'Edit qui ainsy que lesd. articles secrets, etoient confirmatifs de tous les Edits de Pacification cy devant rendus, et contenoient encore plusieurs nouvelles et avantageuses dispositions en faveur de ceux de la R. P. R. qui ne perdoit pas une seule occasion de se procurer de nouveaux avantages et de prendre leurs suretés.

Ils indiquerent encore, une nouvelle Assemblée Generale a Chatellerault pour le 15 May 1611, ou tous leurs deputées se trouverent, la on representa le danger qu'il y avoit pour le Party de n'estre pas a portée de voir tout ce qui se passoit a la Cour, et pour cela resolurent de faire choix de quelques uns d'entre eux pour resider aupres du Roy afin de veiller aux interests de la Cause commune. Pendant leurs deliberations, leur assemblée fust transferée a Saumur par certaines raisons et a leur propre requisition.

Il faut convenir que la ville de Chatellerault a eté une de celles du Royaume qui a le plus souffert par les troubles de la Religion, tant sous les regnes d'Henry 4, Louis 13 que des commencemens de celuy de Louis 14; on s'est contenté de raporter quelques faits de remarque; on n'auroit jamais fait s'il les falloit tous raporter et destailler les uns apres les autres ; cependant en 1621 que le Roy fit un voyage en Poictou, la Ville de Chatellerault qui etoit sous la domination des huguenots, fut sans contrainte reduite sous l'Obeissance de Sa Majesté (¹). Nous les laisserons pour un tems jouir de l'Exercice de Leur Religion et les reprendrons en tems et lieu.

Peste de 1630. — Ce ne sont pas les seuls malheurs que la Ville de Chatellerault ait souffert. Elle fut attaquée de la Peste en 1630 qui emporta beaucoup de ses habitans ce qui les obligea de faire dire une Messe tous les jours a 7 heures du matin et a la fin de Vespres, un Salut dans l'Eglise des Minimes, dévotion qu'ils continuerent l'année suivante et jusqu'au commencement de l'année 1632.

Fortifications. — La ville de Chatellerault etoit pour lors fortifiée d'un mur d'environ 6 pieds d'epaisseur avec des tours qui le flanquaient d'espace en espace et des Machecoulis tout autour. Ce mur et ces tours etoient couverts en beaucoup d'endroits de ravelins et demy lunes dont il subsiste encore des restes; mais les murs et les tours sont entierement ruinés et il en tombe chaque jour quelque pierre, en sorte qu'il ny a plus sur pied que ceux qui servent de closture au Chasteau, au couvent des Religieuses, a celui des Cordeliers et au prieuré de St Jacques avec une grosse tour (²), un peu au dela. Je ne puis precisement raporter le tems ou ces murs ont eté bastis, mais il est a presumer et je l'ay vu dans certains memoi-

---

(¹) *Florimond de Remond.* — Traittez contre les protestants.
(²) Probablement la Tour du *Bourreau.*   C. P.

res (¹) que ce fust pendant les troubles de la Religion ; ce peut estre vers l'an 1560, apres la desertion du Comte d'Aran (²).

Je ne comprends pas les portes dans les murs, elles sont plus anciennes entre autres une appellée cy devant la *porte Fuentere* sans que l'on sache son etimologie ny ce que cela veut dire, elle existait avant 1441. ainsy qu'on le voit dans un aveu de la dite année ; randu par le commandeur d'Ozon (³) au Vicomte de Chatellerault. Elle a eté nommée depuis, la *porte Saint-Jacques* du nom d'un faubourg qui y joint.

(¹) Mémoires des Minimes de la Ville de Chatellerault sous l'an 1635. — *Note de Roffay.*

(²) L'auteur des Mémoires doit faire erreur, car déjà en 1370, lors de la prise de Châtellerault par le capitaine Carlouet, *la ville était entourée de murs.* Mais ce sont les *demi-lunes* ou *éperons* qui ont été construits vers la fin du XVI⁽ᵉ⁾ siècle.

Nous trouvons en effet dans un aveu du *fief de Savinier* du 29 septembre 1621 : (Le fief de Savinier était situé entre la rue du Vieux Palais, la rue Saint-Jacques et les murs de la ville).

« *Item*, s'estend mondit fief sur les esperons qui ont eté « faicts pendant le *gouvernement du sieur de Préau*, gouver-« neur dudict Chastellerault, commençant lesd. esperons « depuis la porte de Sᵗ-Jacques jusques proche la porte du « Batardeau, joignant le long des murailles de lad. ville. »

Or le sieur Hector de Préau était gouverneur de Châtellerault en 1592 et il assistait le 6 fevrier de cette même année au combat d'Isle où il conduisit 200 hommes de pied et 40 cuirasses tant de la garnison de cette ville que de ses habitants.   C. P.

(³) Commandrie a demyé lieüe de Chatellerault.

Il est etonnant que des murs de cette concequence ayent pery sytost après leur construction dont cependant on en connait en partie les causes, ces murs n'etoient pas fondés assés profondément ; certaines personnes, on ne sait à quels titres, ont semé du blet et autres choses dans les fossés, on a pour cela labouré au pied des murs, les terres suivant leur penchant naturel, sont tombées en bas et ont mis les fondements en l'air et les murs sont tombés (¹).

Les Salpestriers abusans de l'authorité que le Roy leur donne, ont commencé par fondre le parement des murs sous pretexte qu'ils etoient salpestrés et les ont reparé avec de mauvais materiaux que l'on appelle du moellon et de la terre sans liaison avec l'ancienne batisse, en sorte que cette pretendue reparation etoit tout a fait inutille, aussy tomba-t-elle bientost. Ils n'en sont pas demeuré la, ils ont levé le masque, ils ont écorché les murs sans les retablir et enfin ils en sont venus a tel point d'effronterie, qu'on les a vus sur les murs de la ville, les fondre a coups de pics et se servir des pierres même pour reparer des breches qu'ils faisoient aux domaines des particuliers, dont ils enlevoient les pierres salpestrées. Celuy qui écrit ces memoires, a fait dans sa jeunesse, le tour de la ville sur lesd. murs sans interruption (²) et il a la doul-

---

(¹) Comme nous l'avons fait remarquer précédemment, ces murs remontaient à une époque beaucoup plus ancienne que ne le croyait l'auteur de ces Mémoires, ce qui joint aux autres causes qu'il fait connaître, explique plus facilement pourquoi ils se trouvaient en mauvais état.　　　　　　C. P.

(²) Les *fortifications* partaient de la Vienne à l'angle nord-est du jardin de l'hospice, où il en existe encore une partie ; elles suivaient le cours du ruisseau du Tabary jusqu'à la

leur de les voir renversés de fond en comble ; il seroit a
souhaiter qu'il y eut dans chaque ville, un officier dont
les fonctions fussent de veiller a la conservation des fortifications et Edifices publics : ce ministere pouroit estre
confié au maire qui en entrant en charge feroit faire un
proces verbal de leur etat, et en sortant un recollement.
On verroit par ces deux actes, la difference de sittuation
et on en connoistroit les causes.

Les fortiffications exterieures dont on vient de parler,
n'etant que de terre et n'ayant pas eté mieux menagées

---

porte Sainte-Catherine, à l'entrée de ce faubourg. Les remparts longeaient ensuite la route nationale jusqu'à sa rencontre avec la rue Saint-Louis où se trouvait une tour, puis
ils suivaient le boulevard Blossac Arrivés à la Tour Saint-
Jean qui était à l'angle de la rue Colbert, les murs tournaient
à droite, longeant cette rue et continuaient jusqu'à la rue Saint-
Jean où était la poterne qui donnait accès au Petit Pont. Puis
ils suivaient la rue Saint-Jean se dirigeant vers la place Louis
XVIII et s'arrêtant au bout de cette place d'où ils venaient
presque à angle droit rejoindre le boulevard Blossac, un peu
avant d'arriver à la rue de l'Aqueduc. Les fortifications
allaient ensuite en ligne droite jusqu'à la porte Saint-Jacques,
à l'entrée de la rue que l'on désigne encore sous ce nom ;
puis obliquant à droite, elles suivaient la rue Neuve-du-
Bâtardeau jusqu'à la rue du Vieux-Palais où elles rencon-
traient la tour du Bourreau et gagnaient de là le Bâtardeau
que défendaient la tour du même nom et la tour des Saulniers
avec sa poterne. À partir de cet endroit, les remparts suivaient le cours de la Vienne le long de laquelle se trouvaient
la porte du Pont avec ses deux tours, la porte des Moulins
également flanquée de deux tours, la terrasse du château
défendue par deux autres tours ; enfin la poterne qui était au
bas de la rue de Montmorillon.   C. P.

que les murs de la ville, se sont bien tost eboulées. Il en a cependant resulté un bien pour la ville.

Il y avoit entre les fossés de la Ville et le couvent des Minimes, des terrasses qui dominoient sur les lieux reguliers de ce couvent. Les religieux soupiroient depuis longstems apres leur destruction parceque dela, on voyoit ches eux, mais en vain jusqu'a la mairerie du Sᵣ de Minerval en 1635, auquel ils s'adresserent pour avoir la permission d'achever de les razer; ce qu'il leur permit quoy qu'il excedast en cela son pouvoir, cela fust bientost fait.

Promenade publique, le plan des Minimes. — Les terres que l'on abbatit, servirent a combler partie des fossés qui etoient tres larges, ce qui fit une espace assés raisonnable sur laquelle on planta dans la suitte des Ormeaux qui y ont resté jusqu'en 1726 que la maison de ville disposa de ceux qui restoient encore sur pied, la plus grande partie ayant pery par caducité ; on employa le prix desdits arbres a applanir de nouveau le terrain, ce qui l'augmenta encore un peu et a y planter de nouvaux ormeaux desquels on a eu tres grand soin. Ils donnent actuellement un ombrage suffisant et forment une promenade des plus agreables et la seulle qu'il y ait dans cette ville. Il y auroit de quoy faire quelque chose de plus beau en y joignant d'autres fortifications eboullés, sur quoy on a fait des projets mais ils ne s'executtent pas parce que la maison de ville, n'a pas assez de revenu pour subvenir a cette depence ; ce qui est d'autant plus facheux que les bonnes intentions de M. Le Prince de Talmont qui s'est presté a cet arrangement, deviennent inutilles et qu'on ne trouvera peut estre plus dans la suitte, une occasion aussy favorable.

Les Religieuses. — Certains couvens de religieuses de la congregation de Notre Dame, ordre de St Augustin, etablis a Pont a Mousson et a St Nicolas en Loraine, ayant eté ruinées par la rigueur de la Guerre, les religieuses se dispercerent et chercherent de nouveaux etablissements. Il en vint plusieurs en France, trois entr'autres [1] projetterent en l'année 1640, un etablissement dans la ville de Chatellerault, sur le seul secours de la Providence et y reussirent [2], en cela plus heureuses que des religieuses de deux autres ordres, sçavoir des Benedictines et d'Ursulines qui quelques années auparavant avoient tenté ce même etablissement et y avoient succombé ; ou plutost ce fut le bonheur des habitans de Chatellerault qui y conduisit ces s^tes filles dont le principal point de l'Institut est d'instruire et d'elever chretiennement les jeunes filles. Elles tiennent des classes ouvertes pour des externes et prennent des pensionnaires qu'on leur envoye de tous costés et principallement de la ville de Poitiers qui abonde en monasteres de filles, tant on est persuadé de la regularité de ces religieuses et des soins extraordinaires qu'elles prennent de l'education des filles ; Dieu benit leurs travaux. Il n'est pas possible d'exprimer le bien, l'utilité et les avantages que cet établissement a procuré et procure a la ville de Chatellerault, par les ins-

---

(1) Alix Georges, Archange Arnault, Françoise Dolmène.

(2) Le Couvent des *Filles Notre-Dame* dut sa réussite au duc Gaston d'Orléans, père de Mademoiselle de Montpensier, duchesse de Châtellerault, qui fit acheter l'hôtel du Châtelet et ses dépendances, près de la porte Sainte-Catherine et qui prit à sa charge les frais d'installation et d'entretien des religieuses.

C'est dans une partie de cet hôtel qu'est établie la prison ; l'hospice occupe tout le reste de la propriété.   C. P.

truclions que ces bonnes religieuses ont donnés et donnent tous les jours aux filles qui sont confiées à leurs soins, notamment a celles des artisans auxquélles outre les principes de la religion et de la pieté qu'elles ont de commun avec les filles de famille, élles apprennent a faire toutes sortes d'ouvrages de la main qui les mettent en etat de gagner leur vie honnestement, leur procurent de bons etablissements et aux personnes de condition, des filles habilles pour leur service. On peut dire avec verité que cet etablissement est un de ceux dont la ville de Chatellerault a reçu le plus d'avantages ; ces bonnes religieuses sont sous la direction du Seigneur Evesque ; elles ont conservé toute la ferveur de leur institut et servent d'edification par leur regularité, a tous ceux qui les connoissent.

Collège. — Il fut aussy etably un college dans la ville de Chatellerault pour y enseigner le latin a la jeunesse, en conceq'ience de l'ordonnance des Etats de Blois du mois de Janvier 1560, article 9, auquel fut annexé le revenu d'un canonicat de l'Eglise Collegialle de Notre Dame dud. Chatellerault qui se trouva precisement dans le cas de l'ordonnance. Precedament comme nous l'avons remarqué, il y avoit en 1467, un college a Chatellerault qui n'avoit apparament pas d'exercice faute de revenus. Le Principal de ce college est nommé par le chapitre ; la maison de ville et le gouverneur lorsqu'il est presant, ce qui a eté reglé par arrest du Parlement du 17 Janvier 1579.

Monumens. — *Le Pont Henri IV.* — Les monumens d'edifices rares ne sont point nombreux dans la ville de Chatellèrault puisqu'ils se reduisent presque a un seul, mais que l'on peut mettre en teste des plus beaux

et je puis dire des premiers de son espèce, dans le Royaume. C'est le *Pont* dont j'entend parler.

Il a 72 toises de longs entre les portes au double corps
de bastiment dont celuy du coste de la ville n'est point
achevé et 10 toises 3 pieds 6 pouces de large dans le milieu entre les parapets; 10 toises 4 pieds 1 pouce a l'extremité du costé du fauxbourg et 10 toises 5 pieds 10
pouces a l'extremité du costé de la Ville; on ne sçait point
la cause de cette differance qui n'est point sensible a la
vue. Cette largeur est terminee par deux parapets ou
murs d'appuy d'un pied d'epaisseur chacun, qu'il faut
encore ajouter a la largeur du Pont.

Les deux faces du Pont sur la Riviere a hauteur et ra-
cord de cordon des parapets sont ornés d'un entablement
saillant de trois pieds et demy porté par des mutules ou
consolles agreablement espassées et formant un noble as-
pec pour le couronnement des neuf magnifiques arcades
dont le pont est composé, ainsy qu'une utilité tres grande
pour la manœuvre des batteaux, mastures et cordages,
cette saillie d'un bout du pont a l'autre, procurant un
chemin raisonnable sur l'exterieur au mesme niveau des
deux trottoirs pour les gens de pied sur l'extra dosse des
arches.

Ce Pont contient comme je l'ai dit, 9 arches d'une
largeur et d'une hauteur prodigieuses, d'une structure
qui fait l'admiration de tous les architectes et de toutes
les personnes qui se connoissent en ce genre d'architecture. Il y a des coupes de pierre d'une hardiesse etonnante; ce superbe monument encore une fois, plus beau
qu'aucun du Royaume, est basty de pierres de taille dures,
d'un volume surprenant et de differentes qualitées, suivant que l'exellence de cet ouvrage le requeroit; les plus
dures sont dans l'eau et un peu au dessus, d'autres moin-

dres, dans cette qualité ; mais toujours très bonnes et plus belles par leur polly, parce quelles sont plus exposées a la vue, qu'a la resistance et aux injures de l'eau, font le reste, mais toutes sont tirées de loin et a grands fraix ; n'y ayant dans tout le pays Chatelleraudois et aux environs que du tuffe qui est une pierre tendre qui fond dans l'eau et encore plus par les gellées ([1]).

Ce magnifique ouvrage digne des Romains et qui leur feroit honneur, est accompagné de plusieurs ornements d'architecture qui se presentent a la vue avec admiration. Il est terminé et fermé par deux portes dont l'une est achevée ; elle est composée d'un portail tres hault, tres large et bien vouté, au dessus duquel il y a un pavillon magnifique, accompagné de chaque costé d'un autre corps de bastiment quarré et qui n'en est distingué du costé du Pont que par les touhaits et dans lesquels il y a de beaux appartemens. Le tout est flanqué de deux grosses tours rondes, une de chaque costé, dans lesquelles il y a des appartemens de la même qualité que ceux du pavillon ; ce portail et ces accompagnemens, sont d'une bastisse convenable au Pont et en occupent non seullement la largeur

---

(1) Les pierres dures employées pour la construction des piles du Pont de Châtellerault ont été extraites de la carrière de Damassault, située en la forêt de Moulière (commune de Bonneuil-Matours). — *Arch. de la Vienne E 2, 169. fonds Pérusse Descars.* — Procès-verbal de la construction du pont de pierre de Châtellerault, *22 décembre 1564, 10 juillet 1565.*

Les pierres tendres employées pour la construction des voûtes, du parapet et des tours et portaux sortaient des carrières d'Antoigné. — *Rapport de René Androuet du Cerceau sur les chemins et bâtiments royaux du Poitou, écrit en 1611.*

C. P.

mais encore au dela, puisque les tours flanquent les costés du Pont, le tout renfermé d'un fossé tres profond dans lequel l'eau de la riviere passe et qui est revestu d'un mur de pierre de taille d'une force et d'une propreté admirable.

Une suitte du même mur borde la riviere d'un costé en la remontant et etoit en aparence destiné a faire un quay tel qu'on l'auroit souhaitté. Je ne dois pas obmettre que ces tours sont creuzes jusqu'au dessous de l'eau et que la massonne est si bien cimantée qu'il n'y en entre point; cette porte est celle du costé du fauxbourg de Chateauneuf; l'austre qui est du costé de la ville est seullement commencée sur un plan difierant plus recherché et érigé jusqu'a huit ou neuf pieds au dessus du Pont. Suivant ce qui paroist, les tours devoient estre quarrées; ce qu'il y a de ce costé la, de plus que de l'autre, est un pareil quay en qualité mais plus grand que de l'autre costé; il va jusqu'a l'extrémité de la ville en remontant la Riviere, au bout duquel est un commencement d'une piece de fortification qui devoit estre tres considerable.

A Vingt (¹) toises de ce mur en rentrant, est un autre mur a machecoulis (²) qui paroist plus ancien que celuy cy et qui sert a present de clostures aux P. P. Cordeliers;

---

(1) Sur le manuscrit de la Bibliothèque Nationale, le mot *vingt* n'existe pas, la place est en blanc, mais sur le manuscrit de Dom Fonteneau à la Bibliothèque de Poitiers, le mot *vingt* est indiqué, c'est pourquoi il a été rétabli ici.   C. P.

(2) Les *machecoulis* étaient des balcons munis d'un parapet et formant un système de défense continu. On pouvait lancer des projectiles sur les assaillants par les vides laissés entre les machecoulis. (*Chéruel. — Dictionnaire des Institutions de la France*).

il faisoit partie de l'ancienne encinte de la Ville (¹). Entre ces deux murs, il y avoit une belle Esplanade, capable de contenir en tems de guerres des troupes, en quantité suffisante pour deffendre le Pont, et en tems de paix, elle auroit servy d'une tres gracieuse promenade pour les habitans.

On a jugé a propos d'en employer une partie du Costé de la Riviere a faire des jardins contre toutes les regles qui veulent qu'il y ait un certain espace de vide entre les fortifications et tous autres bastimens. De l'autre costé, on y a basty des maisons pour des artisans et des magazins pour des marchauds; ce qui est encore contre la disposition des mesmes reglemens qui defendent d'apuyer aucun edifice sur les murs et fortiffications des villes, de fasson que cet espace qui devroit estre vide, est remply, qu'il ne reste plus qu'un passage pour aller a une porte de la ville qui est entre les deux murs de ville, laquelle est d'une architecture magnifique et sans laquelle l'espace en question, seroit entierement fermé, ce qui est contraire a toutes les regles.

C'est un tres grand dommage qu'un sy beau commencement de fortifications n'ait pas eu de suittes; on n'en penetre pas la cause sy ce n'est qu'on cessa de travailler aux fortifications de cette place, dans la crainte que les huguenots dont la ville etoit pour lors remplie ne s'en saisissent et n'en fissent une place de Retraite pour leurs gens.

Cet edifice fut *commencé par Catherine de Medicis* et

(¹) C'étaient les fortifications qui entouraient le premier château.   C. P.

finy sous le reigne d'Henri 4, en l'année 1609 ([1]), par les soins et les ordres du duc de Sully, lors surintendant des finances, fortifications et bastimens du Roy ; la conduitte de ce bel ouvrage, fut donnée a Charles Androuet Ducerceau, un des plus habiles architectes de son tems. Il auroit eté a souhaiter qu'un homme du métier en eut fait la description pour y employer les termes de son art, ce qui auroit eu une grace merveilleuse et auroit d'autant plus fait valloir ce superbe monument.

Pont d'Estrees. — Il y a quelques années, ce fut en ..... ([2]), qu'on bastit par l'ordre de Monsieur de Baussant, pour lors Intendant de cette province, un pont contenant trois arches, sur la petite riviere de l'Envigne, a

---

([1]) *Jocendus Sincerus* en sa Guide des Chemins. Inscription sur la porte de Chateauneuf. *(Note de Roffay).*

C'est à tort que l'auteur de ces mémoires écrit Jocondus Sincerus, il aurait dû mettre *Jodocus Sincerus.* C'est le nom d'un auteur allemand appelé aussi *Zinzerling* et qui a visité la France au XVII⁰ siècle. Dans son ouvrage intitulé : *Itinerarium Galliæ*, il parle du Pont de Châtellerault, « commencé par la Reire Catherine de Médicis et terminé « sous le Reigne d'Henry IV lorsque le duc de Sully était « gouverneur du Poitou comme en témoigne *l'inscription* « *placée sur les tours qui sont de l'autre côté du fleuve.* »

(Ut inscriptio in turribus transfluvianis posita testatur).

Abraham Golnitz, autre voyageur, dans son *Ulysse Belgico Gallicus*, publié en 1631, fait également allusion à cette inscription. « Auprès de la porte, dit-il, se trouvent des tours de « grandes dimensions, fortifications de la ville, sur lesquelles « sont placés les insignes royaux *avec une inscription que je* « *n'ai pu not r.* »   C. P.

([2]) Cet article se trouvait au milieu de l'État social et économique de Châtellerault, il sera mieux à sa place ici.   C. P.

l'extremité du fauxbourg de Chateauneuf qui est d'une tres grande commodité ; d'un costé sont les armes du Roy, de l'autre celle de Monsieur de Baussant. Il y a quelque defaut contre les regles de l'architecture, des joints l'un sur l'autre, dans des angles rentrants ; c'est la faute des Ingenieurs du tems, de n'y avoir pas pris garde, d'autant plus qu'ils en furent avertis (1).

Depost pour le sel. — On a dit cy dessus que la ville de Chatellerault et la duché dud. lieu, avoient eté comprises dans le contrat passé en 1553, entre le Roy Henry second et les habitans des provinces de Poitou, Saintonge, Aunix et Guyenne, pour le rachapt du quart et demy de sel, auquel ces provinces etoient sujettes ; de l'affranchissement duquel, la ditte ville et duché ont toujours jouy et jouissent encore actuellement ; mais les

---

(1) Sur le manuscrit de la Bibliothèque Nationale, il y a bien : *ce fut en 1738 qu'on bastit par l'ordre de M de Beaussant pour lors Intendant de cette province*, etc.

J'ai préféré ne pas mettre de date, car en 1738 l'Intendant du Poitou était M. Le Nain, à qui ces mémoires sont dédiés ; ce ne peut donc être en 1738, d'autant plus que l'auteur qui écrit en 1738, commence ainsi : *Il y a quelques années*. S'il en avait été autrement, il eut mis : *Ce pont a été basti en 1738*, etc., comme on verra plus loin qu'il a mis pour le pavage : *Les rues ont été pavées à neuf en cette année 1738*.

Il y a certainement là une erreur ; Roffay a-t-il voulu mettre 1728 ? Peut-être. Il y a lieu de remarquer que sur le manuscit de Dom Fonteneau qui est à la Bibliothèque de Poitiers, cette date est laissée en blanc. Il aura sans doute fait également cette remarque et préféré ne mettre aucune date. D'ailleurs M. Le Nain a été intendant du Poitou de 1732 à 1743.

Le pont d'Estrées existait depuis longtemps, il était d'abord en bois puis il fut bâti en pierre en 1680 comme l'indique une note du manuscrit de M. le duc des Cars.   C. P.

Fermiers Generaux des Gabelles (¹), du bail de Philipe Hamel, pretendent que quelques habitans de la ville de Chatellerault, faisoient un versement de sel dans les dependances des greniers a sel de Touraine et Berry qui leur etoit tres prejudiciable, obtinrent une commission du Roy, adressée au Sʳ de Bragelonne, Consᵉʳ de la Cour des Aiₔes de Paris, pour la Reformation des Gabelles, en Touraine et pour l'uzage du sel dans la Ville, fauxbourg et duché de Chatellerault, lequel randit un Reglement a Chinon le 12 Janvier 1635, entre les fermiers et les habitans de Chatellerault, representés par Mʳ Pidoux Lieutenant Particulier et Jerome Dauphin, Procureur du Roy, portant qu'il seroit informé contre les delinquants par le Lieutenant General de Chatellerault a la requeste du Procureur du Roy et cependant ordonna par provision qu'il seroit fait un bail au rabais, pour le fournissement de tout le sel necessaire pour l'usage des habitans des ditte ville, fauxbourg et duché de Chatellerault lequel seroit mis dans un grenier, ainsy que tout celuy qui se trouve-

---

(1) Le mot *Gabelle* (de l'allemand *Gabe*, impôt), s'appliquait au début à tous les impôts indirects ; plus tard, il désigna plus spécialement l'impôt sur le sel, De là le nom de *Gabelous* donné aux employés des Gabelles et conservé dans le langage populaire aux employés d'octroi comme un sobriquet injurieux. C'était un impôt arbitraire et particulièrement vexatoire parce que l'on forçait le peuple à renouveler tous les trois mois une provision de sel qui était généralement supérieure aux besoins des contribuables.

Le revenu des Gabelles était affermé à des *Fermiers Généraux* et produisait environ 7 millions, tandis que ceux-ci percevaient 38 millions. (*Chéruel — Dictionnaire des Institutions de la France*).

roit dans les maisons et boutique des habitans de lad.
ville qui leur seroit payé par l'adjudicataire du fournissement pour estre ensuitte distribué auxd. habitans en
quantité suffisante et raisonnable, et c'est ce qu'on a appellé *Etablissement d'un depost a sel* que les Chatelleraudois regarderent comme une atteinte a leurs privil-
leges et droits ; et qui leur attira dans la suitte, de grands
malheurs. Ils formerent opposition a ce reglement sur laquelle les maire et eschevins de Poitiers donnerent leur
requeste d'intervention, nonobstant laquelle il fut confirmé par arrest du Conseil du 6 nov^bre 1643, auquel
ayant encore formé opposition, arrest intervint le 4 mars
1644 qui en interpretation du precedent, permit aux habitans de vendre leur sel, dans le Marché, aux heures or-
données, apres lesquelles le restant seroit remis dans le
Minage aux noix (1), dont le maire ou autre habitant
auroit une clef et le commis du fermier, une autre, d'ou il
seroit tiré le jour du marché suivant et aux mêmes condi-
tions. Cet arrest quoy que plus favorable que le precedent, ne calma pas les inquietudes des habitans de Chatellerault, quoy qu'il fut randu sur les offices de la maison de ville. Il y a apparence qu'il n'eut pas son entiere
execution et que les habitans de Chatellerault, toujours
jalloux de leurs droits y donnerent atteinte souvent et
assés longs tems. Ils paroient aussy qu'ils etoient partagés
en sentimens, les uns voulloient son execution et les autres ne la voulloient pas, de ce dernier party etoit la
popullace soutenue cependant de plusieurs personnes de

---

(1) Le *Minage aux noix* ou *halle aux noix* était situé à l'angle de la rue du Cheval-Blanc et de la place du Marché, où se
trouve actuellement la maison Schrok.   C. P.

Consideration de la Ville. Ce party regardoit l'autre avec indignation et comme traitre a la patrie

Il existoit souvent des seditions qui furent tolerées pendant un tems ; mais il en arriva une le 25 novbre 1654, si furieuse qu'il ne fut pas possible de la dissimuler ; elle arriva a l'occasion de l'execution d'un arrest du Conseil du..... de lad. année, portant qu'il seroit etably un commis au Depost du sel de Chatellerault, pour veiller et empecher les abus qui se commettoient dans l'enlevement des sels, tant de jour que de nuit, dans lad. ville pour les pays non redimés. L'arrest du 6 novbre 1643, portoit a peu pres la même disposition ; il y a apparance qu'il n'eut pas pour lors, son execution dans ce chef. Le Sr Petit assesseur de la marechaussée provincialle de Chatellerault, eut ordre de tenir la main a l'execution de l'arrest en question. Il manda Leigné son lieutenant en la compagnie de milice bourgeoise de Chateauneuf dont led. Petit etoit capitaine, luy exposa ces ordres et luy ordonna de lui prester main forte pour son execution. Leigné loin d'obeir comme il le devoit, s'agissant du service du Roy, tesmoigna estre tres fasché de l'obtention de cet arrest qui selon luy ruinoit la Ville de Chatellerault en detruisant le commerce du sel, lequel seul en faisoit subsister les habitants, ce qui etoit vray et il auroit eu raison si ce commerce avoit eté licite et permis ; mais etant deffendu par les ordres du Roy, il avoit tres grand tort, non seulement de s'y opposer, mais encore de ne pas prester son ministere pour leur execution.

Leigné non content d'avoir tenu ce discours, en tint beaucoup d'autres encore plus seditieux, disant hautement qu'il s'opposeroit par la force a cet etablissement : il passa des parolles aux effets, en poussant l'effronterie et la temerité jusqu'a exciter les habitans de prendre les armes ; ce qu'ils firent et le même jour 25 nov^bre, il marcha dans les rues de Chatellerault, a la teste de plusieurs gens armés qui menaçoient de tuer et de brusler les maisons de ceux qui se presteroient a l'etablissement du Grenier du Depost.

Ils firent plus, ils marcherent sous les armes, jusqu'a La Haye en Touraine, ou ils croyaient trouver led. Sr Petit qu'ils regardoient comme l'autheur de cet etablissement ; ne ly ayant point trouvé, ils forcerent les prisons de la dite Ville, tuerent un homme qui voullut sy opposer et firent sortir tous les prisonniers, nottamment un faux Sonnier ([1]), comme ils ne purent joindre led. Sr Petit, ils razerent sa maison.

Ce dont la cour ayant été informée, elle envoya six compagnies des gardes françoises commandées par M. de Fouril pour y vivre a discretion ; ils y arriverent le 14 fevrier 1655 et y resterent 50 jours pendant lesquels ils firent des depences affreuses qui incommoderent considerablement les habitans. Le malheur fut que l'innocent fut souvent confondu avec le coupable, car il n'y avoit qu'une partie du peuple soutenu a ce que l'on pretend par quelques officiers qui s'opposerent a la Vollonte du Roy. Les officiers de la maison de ville et qui la representent en entier, non seullement sy soumirent, mais encore mettoient en œuvre tous les moyens possibles pour mettre dans son devoir, cette populace effrenée jusque la que les femmes se tenoient le couteau a la main aux

---

([1]) Les *Sauniers* sont ceux qui s'occupent de la fabrication du sel et avant 1789 on appelait *faux sauniers* et non *faux sonniers* comme le dit Roffay, ceux qui transportaient du sel d'une province à l'autre pour le vendre en contrebande.

C, P,

avenus de la maison de ville pour attendre et sçavoir le résultat des deliberations qui y avoient été prises, afin de se faire justice selon leur maniere de penser, si on prenoit des resolutions a leur prejudice, c'est a dire pour l'etablissement ordonné ; ce qui prouve que cette sedition ne doit pas estre attribuée aux habitans de la ville de Chatellerault en general, mais seullement a quelques seditieux comme il sen trouve partout. La plus grande et la plus seine partie d'iceux setant toujours tenue dans l'obéissance qu'ils doivent au Roy.

Mais comme le chatiment de la garnison a discretion ne parut pas suffisant pour un tel forfait et que d'ailleurs comme on la dit, l'innocent se trouvoit par la confondu avec le coupable, le Roy donna commission au Sr Cargret maistre des req[tes], par arrest du 27 Janvier 1657. de se transporter dans la ville de Chatellerault pour, sur les informations par luy cy devant faites, celles faites par le Sr Mongeneau Prevost de Chatillon et autres juges, pendant les années 1655 et 1656 et celles le Sr de Cargret feroit encore, estre le proces fait a ceux des habitans de lad. Ville, prevenus de sedition et rebellion aux ordres du Roy, avec tel Presidial qu'il luy plairoit choisir, auquel Sa Majesté, en attribuoit toute cour et juridiction. En concequence de la quelle commission, led. Sr de Cargret se transporta a Chatellerault, fit de nouvelles informations ; se fit remettre celles cy devant faites, en concequence des lettres de Sa Majesté du 14 Mars 1657, portant ordre de juger le proces avec le Presidial de Chatillon sur Indre, randit son jugement souverain et en dernier ressort le 31 mars 1657. Par lequel il condamna par coutumace plusieurs habitans a differants supplices et peines afflictives, en tres grosses amendes envers le Roy ; en L = 8 900 de dommages et interests envers led,

Sr Petit, L $= 3\,000$ a Joachim Orillard M^d, et autres sommes a dautres differents particuliers qui avoient souffert dans leurs biens lors desd seditions et nottamment en L $= 600$ d'aumosne applicable aux RR. PP. Minimes et Cordeliers pour faire prier Dieu pour le repos des ames des nommés Charpentier et Bureau dit Besson qui avoient eté tués dans les seditions et emotions populaires.

Ce jugement fut executé par effigie apres quoy M. de Cargret fit l'etablissement d'un Grenier de depost qui subsiste actuellement: et sur les remontrances qui furent faittes au Roy que les pretendus coupables avoient eté forcés par la populace de sortir des bornes de leur devoir, que leur vollonté n'avoit eu aucune part a tout ce qui s'etoit passé, le Roy par un effet de sa clemence donna une amnistie generalle a tous les accusés et les remit dans leurs premiers etats, rangs et fonctions de leurs charges par arrest du Conseil, Sa Majesté y etant, en datte du 3 oct^{bre} 1658, qui fut enregistré au grand conseil auquel il etoit renvoyé a cet effet, par cet arrest le Roy decharge les habitants officiers et tous ceux qui pouvoient s'estre joints a eux de toutes condamnations tant corporelles que pécuniaires prononcées contre eux pour raison de désordre commis depuis l'année 1653 jusques au tems de l'arrest speciallement celles prononcées par led. de Cargret avec le Presidial de Chatillon, en eteint la memoire et en tems que de besoin retablit celle desd. officiers.

Revocation de l'Edit de Nantes. — Ceux de la R. P. R. jouirent de l'etablissement de leur temple, tout irregulier qu'il etoit pendant le reste du Reigne d'Henry 4, celui de Louis 13 et les commencements de celuy de Louis 14, au tres grand regret des catholiques qui ressentirent de tems en temps les effets des troubles que l'heresie entretient toujours avec elle.

Il se passoit de tems a autre des faits particuliers concernant la R. P. R. Il en arriva un qui quoyque peu interessant ne laissa pas d'être singulier. Un certain homme, cordonnier de son metier se promenoit de ville en ville pour y prescher la controverse contre les ministres ou autres qui voulloient luy prester le collet. Il la prescha le 8 may 1667 sous les halles de cette ville; il etoit authorisé a ce faire; on dit qu'il possedoit cette matiere autant que un homme sans lettres le pouvoit faire que cependant, il y avoit dans son fait plus de zele que de solidité.

Il etoit reservé a la gloire et a la pieté de Louis 14 de glorieuse memoire d'extirper l'heresie de son Royaume, action que nous pouvons regarder comme le chef d'œuvre de son long et glorieux Reigne. Deux puissants motifs engagerent le Roy a prendre ce party; le salut des ames d'une partie considerable de ces sujets qui en avoient eté infectés fut le premier; les troubles, les desordres et les maux infinis que la diversité de Religion avoit causé a son Royaume et qui l'avoient mis plus d'une fois a deux doigts de sa perte, fut le second.

Le Roy les y prepara par les differens edits donnés de tems en tems et qui retranchoient ou modifioient les privileges inouis et excessifs que la necessité des tems et des conjonctures avoit obligé les Roys ses predecesseurs a leur accorder; l'occasion etoit favorable. Le Roy avoit donné la paix a l'Europe, retably le bon ordre et la discipline dans le Royaume, tout concouroit a une si bonne œuvre; enfin le coup mortel fut lancé.

Par l'Edit du mois d'octobre 1685, portant revocation de celuy du mois d'avril 1598, vulgairement appellé l'*Edit de Nantes*, dont nous avons parlé cy dessus. Par lequel Sa Majesté deffend tout exercice public de la R. P. R., dans son Royaume et ordonne que tous les temples soient demollis. Ce ne fut cependans pas en concequence de cet Edit que celuy de Chatellerault fut demoly, il faut prendre la chose d'un peu plus hault.

Demolition du Temple Protestant. — Quelques uns de ceux de R. P. R. ayant fait abjuration, les ministres de la ditte Religion faisoient tous leurs efforts, pour les faire retourner a l'heresie et en seduisoient beaucoup, contre la disposition des Edits et Declarations du Roy qui deffendoient pareilles pratiques et speciallement de les recevoir dans les temples sous de grosses peines et entrautres de cessation de l'exercice de lad. Religion et de la demolition des temples ou ils auroient entrés ; le Roy informé de la contravention a ces Edits et declarations, dans ce chef randit un arrest, le 17 Juin 1682, par lequel il est ordonné qu'a la diligence du Sr de Basville, lors Intendant en Poitou, il sera signiflié aux ministres et consistoires des temples de Poitou, une liste de ceux qui ayant cy devant fait profession de la R. P. R. auroient fait abjuration avec deffences auxd. Ministres et consistoires de recevoir et laisser entrer dans leurs temples, ceux contenus dans lesd. listes a peine d'interdiction pour les ministres et demolition des temples, avec commission aud. Sr de Basville d'informer ou faire informer contre les contrevenants aud. arrest et de proceder contreux par jugement diffinitif et en dernier ressort. L'arrest fut affiché et la liste signifliée aux ministres et consistoires du temple de Chatellerault.

Le Roy randit encore une declaration l'année suivante du 17 Juin 1683, portant que les enfants de 14 ans et au-dessous, de ceux de la R. P. R. qui auroient fait abjuration, seraient instruits dans la Religion Catholique et fait deffences aux ministres et anciens des consistoires de souffrir les enfants de la qualité susditte, dans leurs temples et assemblées a peine contre les ministres d'amandes honorables, banissement, confiscation et interdiction pour jamais, de l'exercice de lad. Religion dans les lieux ou il sera contrevenu a cette Declaration.

Il semble que tous ces avertissements devoient contenir ceux de la R. P. R. de Chatellerault dans les bornes de la discipline qui leur etait prescrite ; cependant au préjudice de toutes ces deffences, les Srs Monceau, Desmoulinards et Duvignau ministres de la R. P. R. lors en place a Chatellerault, furent accusés d'avoir laissé entrer dans leur temple pendant leurs exercices sçavoir, le 22 xbre 1684, la fille du nommé Beaupoil des Yvons archer de la marechaussée qui avoit fait abjuration, laquelle etoit pour lors au dessous de 14 ans, et le 25 feuvrier 1685, le fils du nommé Boyer faiseur de ressorts de monstre, qui etoit dans les mêmes circonstances. Mr de Basville informa de ces faits qui apparament furent averés puisqu'il randit avec le Presidial de Poitiers son jugement souverain le 15 may 1685, par lequel il interdit pour toujours lesd. Monceau et Desmoulinards des fonctions de ministres de la R. P. R., leur enjoignit de se retirer a 6 lieues de Chatellerrult conformement a l'arrest du Conseil du 17 may 1683, ordonna que le temple de Chatellerault seroit demoly dans quinzaine, par ceux de la R. P. R, sinon et le tems passé, il seroit procedé a sa demolition a leurs fraix et les matériaux employés au payement des ouvriers qui y auroient travaillé, condamne Boyer a 30 L d'amande et Beaupoil en 3 L d'amande aussy envers le Roy ; et a l'égard du sr Duvignault surcis a l'instruction et jugement de son procès pendant 15 jours.

Si on avoit differé cinq mois a rendre ce jugement, il n'en auroit point fallu, le temple de Chatellerault auroit eté detruit comme tous les autres en concequence de l'Edit d'octobre 1685. Il avoit eté etably d'une façon extraordinaire, il fui detruit de même.

Ceux de la R. P. R. ne setant point mis en devoir d'executer le jugement en ce qui concernait la demolition du temple dans les 15 jours a eux donnés pour cet effet, M. des Basville randit son ordonnance le 3 Juin suivant, par laquelle il commit les S^{rs} administrateurs de l'hopital General de cette ville nouvellement etably, comme on le dira cy apres pour l'execution de la demolition du temple, auxquels il en donna les materiaux suivant le pouvoir qu'il en avoit pour le prix en provenant, estre premierement employé au remboursement des rentes constituées sur le temple et le surplus au proffit des pauvres. La totalité des materiaux fut vendue L = 992 — 17 — 6, dont il en fut payé L = 400 au Sr Phelipon de la Massonne, Conseiller au Siege Royal de Chatellerault, pour l'extinction de la rente de L = 25 constituée a son proffit par le consistoire dud. temple; L = 113 — 16 — 6 pour les fraix de la demolition et transport de la charpente dans l'Eglise de St-Romain ; L = 10 pour la nourriture des charpentiers et les 469 L = 1, restant furent employées parties aux reparations de l'hopital et le reste a acheter du bled pour la subsistance des pauvres.

Reparation de l'Eglise de Saint Romain. — La ville tira un grand avantage de cette disposition dont François Berland religieux de l'abbaye de Montier-neuf de Poitiers et Prieur du Prieuré de St Romain de Chatellerault, excité par un zelle tres pieux et tres chretien, voyant qu'il n'y avoit point dans la ville d'auditoire pour la predication qui se faisoit sous les *halles publiques* (₁) de la ville, lieu tres incommode et tres indecent,

---

(¹) Les *halles* dont il est question servaient à la vente des

etant ouvert de tous costés et servant de retraite et pour
ainsi dire d'ecurie pour les chevaux et autres bestes. qui
viennent de là campagne en ville les jours de marché, ny
ayant danc cette ville aucune Eglise capable de contenir
la moitié des habitans d'y celle, se retira vers lesd. S^rs
administrateurs et leur proposa d'achetter d'eux la charpente du temple pour estre employée au retablissement
de la nef de lad^e Eglise de Saint Romain qui etoit ruinée
depuis plus d'un siecle et qui etoit assés vaste pour contenir presque tous les habitans de Chatellerault au cas
qu'il plust au Roy d'y contribuer. Dieu benit ses bonnes
inteutions, les S^rs administrateurs de l'Hopital General en
faveur de l'uzage que led. Sr Prieur de St Romain vouloit faire de cette charpente, se contenterent de la somme
L = 450, somme tres modique eu egard a la valleur de
de cette charpente. L'acte en est datté du 20 juin de la
même année 1685.

Le Roy donna une somme de quatre mil livres au moyen
de laquelle on retablit la nef de l'Eglise de St Romain qui
sert encore et servira longs temps d'auditoire public pour
la Predication (¹).

---

denrées de toutes sortes les jours de foires et marchés ; elles
étaient situées au-dessus des greniers de la recétte des cens
et rentes de la seigneurie, derrière les maisons qui bordent
le côté ouest de la place du Marché. Elles s'étendaient de la
rue Gaudeau-Lerpinière à la place Notre-Dame à laquelle
elles étaient reliées par un pont en pierres qui passait au-
dessus de la rue actuelle des Bains. A l'autre extrémité, près
du château, se dressait l'oratoire de *Sainte-Catherine de la
Halle.*   C. P.

(¹) *L'Eglise Saint-Romain* était l'édifice religieux le plus
ancien de Châtellerault, elle s'appelait dit l'abbé Lalanne,

Dragonnades et abjurations. — Peu de
tems apres le Roy envoya des dragons et autres troupes
dans la ville de Chatellerault qui a la verité furent toutes
logées par preference chez les gens de la Religion ou ils
ne vivoient pas dans la discipline la plus regulière sans
toutefois attenter a leurs personnes. Comme Dieu se sert
de toutes les voyes pour nous attirer a lui, il se fit dans
ce tems la beaucoup d'abjurations (¹); quelques unes ont

Saint-Romain du Château à l'époque où la ville s'appelait
simplement le Château (*Castrum*) au IXᵉ siècle. Elle se trouvait dans la rue Saint Romain, à peu de distance de Notre-
Dame, où elle existe encore presque entièrement, mais elle a
été transformée en écuries et en magasins.   C. P.

(1) On trouve dans les *Mémoires de Foucault*, Intendant du
Poitou, publiés dans la collection des *Documents inédits sur
l'histoire de France*, des renseignements tout à fait édifiants
sur la façon dont se sont opérées les conversions à Châtellerault

Nicolas Foucault, assisté par le lieutenant général Fumée
présida en personne l'assemblée générale où il mit les religionnaires en demeure d'abjurer leur foi ou de sortir du pays.

Le 8 octobre 1685, Foucault écrivait à Louvois pour lui
annoncer la *conversion en masse* de la ville ; Louvois lui ré-
pondait le 16 octobre : *Le Roy a appris avec plaisir par la
lettre que vous avez pris la peine de m'ecrire le 8 de ce mois, la
conversion de la ville de Chatellerault. Il ne doute point que
vous n'ayez presentement reparti le regiment d'Asfeld dans les
autres elections du Poitou.*

Louvois fait allusion à l'envoi à Châtellerault des dragons
d'Asfeld qui avaient si bien converti la ville.

Plus tard Foucault écrit : *Il y avait en septembre 1685 dans
Chatellerault plus de trois milliers qui faisaient ouvertement
profession de la R. P. R., au 24 janvier 1686, il n'y avait plus*

eté sinceres et ont fait de bons catholiques et les autres
ont eté equivoques, jugées telles par le peu d'exercica que
quelques uns ont fait de la religion catholique. Il sortit
pour lors beaucoup d'habitans de cette ville qui passerent
dans les pays etrangers, ce qui la depeupla infiniment
(1), la plus nombreuse partie des habitans etant pour lors
de la R. P. R.

L'heresie qui ne doit durer qu'un tems, s'est detruitte
peu a peu dans cette ville, s'il y en a encore quelque
reste, il est sur ses fins.

Les Capucins. — J'ay raporté l'etablissement des
R. R. P. P. Cordeliers et Minimes a peu pres dans leur
rang. Je placeray icy les R. R. P. P. capucins que l'histoire de la R. P. R. m'a obligé d'elloigner un peu.

Ce fut Mademoiselle de Montpensier Duchesse de Chatellerault qui demanda au Roy des lettres patentes ou bre-
vet pour l'etablissement d'un couvent de capucins dans la
ville de Chatellerault, qui luy fut accordé. Il est du 9
Janvier 1612 ; le 16 avril suivant, ils se presenterent
pour en demander l'execution et il se fit a leur occasion
une assemblée generalle de tous les etats de la Ville, qui
d'un commun consentement, connoissant l'utilité de cet
etablissement, le reçurent avec joye et choisirent a l'ex-

---

que 4 personnes que j'ai fait mettre en prison et 8 abstention-
nistes qui ont passé dans les pays étrangers.

Enfin le 10 mars 1688, il remarque avec regret que *les*
Religionnaires du Poitou ne se sont presque tous convertis que
par les dragons et la prison et que les nouveaux convertis n'ont
paru faire leurs devoirs de religion que par crainte du chati-
ment.   C. P.

(1) La population de Châtellerault qui dépassait 8.600 habitants en 1684, fut réduite à 7.500 quelques années après.

tremité du fauxbourg de Ste Catherine, un espace de terre
tres considerable pour l'emplacement de leur couvent, de
leur agrement et a leur satisfaction, dans lequel on bastit
une Eglise tres propre et des lieux tres reguliers et tres
commode pour contenir une grosse communauté (1). Leur
enclos fut enfermé en tres peu de temps, ils y dresserent
un jardin magnifique et y semerent ou planterent un
bois a son extremité qui fait actuellement dans cet espece,
le plus bel ornement de la Ville; cet emplacement est au
pied d'un coteau qui leur a fourny la commodité de tirer
de l'eau pour plusieurs bassins dans leur jardin ou il y a
des jets d'eau et d'en conduire dans leur cuisine, refec-
toire, sacristie et autres lieux.

Les proprietaires de ces domaines furent payés des prix
convenus; tout cela ne put se faire sans une depence
considérable et de gros fraix. Il y a apparance que les
ausmones furent abondantes dans ce tems la, et quelles
commencerent au moins par quelque somme raisonnable,
donnée par quelqu'un qui pust par cette raison se dire
leur fondateur; je me ferois un reproche de ne pas nommer l'autheur d'une si bonne œuvre, si je le pouvois
faire, pour y satisfaire. J'ay consulté les RR. PP. Capucins qui occupent actuellement cette maison, qui apres
avoir cherché, m'ont assuré n'en avoir trouvé aucun vestige; ce qui est d'autant plus etonnant que cet etablissement est tres nouveau; Ce qu'il y a de certain, est que
sy ces bons Peres ont invollontairement oublié le nom
de leurs bienfaiteurs, ils s'en resouviennent parfaitement
dans les bonnes et ferventes prieres qu'ils adressent con-
tinuellement a Dieu a qui tous les noms sont presents.

---

(1) L'*Eglise des Capucins* existe encore, elle est affectée à
différents usages particuliers.　　　　　　C. P.

La tradition nous apprend cependant que Mrs de la Riviere de Broc, gentillshommes de ce pays, sont leurs fondateurs ou leurs représentants.

Etablissement de l'Hopital General. — Un autre etablissement d'une tres grande utilite et d'une necessité indispensable est celuy que Louis 14 de Glorieuse memoire, fit d'un Hopital General dans cette ville, par lettres patentes du mois de sep^{bre} 1684 ; cet hopital est gouverné et regi par 16 directeurs ou administrateurs dont huit perpetuels et huit amovibles de deux en deux ans, sous la conduitte et direction desquels sont depuis quelques années, des Religieuses hospitallieres qui soignent et gouvernent les pauvres avec une conduitte, une charité, une patience et une constance admirable, tant pour le Spirituel que pour le Temporel. Le revenu en est tres petit et cependant il suffit pour l'entretien d'un nombre considerable de pauvres (¹) qui ne manquent jamais

---

(1) Il existait autrefois à Châtellerault un hôtel Dieu appelé *l'aumônerie de Sainte-Madeleine* dont les premiers titres de propriété remontaient à l'année 1332. Cet hôpital était situé à peu près au milieu de la ville, dans la Grand'Rue, entre la rue de l'Arceau et la rue de la Vieille-Poissonnerie, à l'endroit où se trouve aujourd'hui l'ancienne pharmacie Orillard.

On en reconnaissait depuis longtemps l'insuffisance, en raison du grand nombre de voyageurs qui fréquentaient la route de Paris à Bordeaux en Espagne, laquelle traversait Châtellerault, lorsque Louis XIV publia en 1662 et dans les années suivantes divers édits pour établir des hôpitaux généraux dans toutes les villes et agrandir ceux qui existaient déjà.

Le curé de Saint-Jean-Baptiste, Michel George, embrassa cette idée avec ardeur et sut intéresser à cette entreprise Mademoiselle de Montpensier, duchesse de Châtellerault, et

du necessaire, en santé ou malades et le tout par un effet visible de la Providence qui suscite de tems a autre des secours extraordinaires a cet hopital qui est un des plus necessaires qu'il y ait dans le Royaume par la situation du lieu, pour le secours des troupes du Roy lors des garnisons ou des passages qui y sont tres frequens.

Etablissement de la Juridiction du Depost. — Il nous reste encore a raporter l'etablissement de deux nouvelles juridictions, l'une appellée la Juridiction du Depost qui connoist du faux saunage, de tout ce qui a trait a la distribution du sel et en general de l'execution de l'ordonnance du mois de may 1680, arrest et reglements rendus en concequence. Cette juridiction ressortit a la Cour des aides et est composée d'un President, d'un Lieutenant, d'un Procureur du Roy et d'un Greffier ; elle a eté creée par Edit du mois d'aoust 1691 ([1]).

Etablissement de la Juridiction de la Police. — L'autre est la Juridiction de la Police, creée par Edit du mois d'oct^bre 1699 ; elle est composée d'un Président, d'un Procureur du Roy, d'un Commissaire et d'un Greffier. Les conseillers de la Senechaussée ont droit d'y assister a tour de rolle.

---

finalement obtint en 1683 que la maison de ville donnât son consentement à l'établissement de l'*Hôpital Général* dans un logis appelé l'hôtel du *Grand Seigneur*, situé près du pont d'Estrées.

L'Hôpital Général fut lui-même transféré en 1843, de ce local dans l'ancien couvent des Filles Notre-Dame, où il est actuellement.　　　　　　　　　　　　　　　　C. P.

(1) Sur le manuscrit de la Bibliothèque Nationale le nom du mois n'existe pas, mais comme il est indiqué sur le manuscrit de Dom Fonteneau à la Bibliothèque de Poitiers, j'ai cru bien faire de le rétablir.　　　　　　　　　C. P.

Il y a peu de villes excepté les capitalles des Generall-
lités ou il y ait autant de Juridictions que dans celle-cy,
Ce qui se verra encore mieux par l'enumeration que j'en
feray a la fin de cet ouvrage. Et c'est ce qui luy donne
quelque distinction entre celles du second ordre au rang
desquelles on la met.

Hommes illustres. — S'il y a quelques choses
au monde qui puisse illustrer une ville ou un pays, ce
sont certainement les grands hommes qui y ont pris naissance, tout le reste n'est rien en comparaison d'un tel
avantage et dans la maniere de penser la plus juste, ce
n'est point le grand nombre des grands hommes qui fait
le plus d'honneur, un seul en fait plus que plusieurs,
lorsqu'il est d'un merite superieur. Ce principe une fois
rendu constant, la ville de Chatellerault ou quoyqu'il en
soit, le pays Chatelleraudois, peut se glorifiier de l'empor-
ter dans ce genre d'illustration sur presque toutes les autres ville du Royaume.

M. Descartes. — L'illustre René Descartes, le plus celebre philosophe, non seulement de son tems : mais qui ait
jamais eté, et dont le nom seul fait l'eloge, est né sinon
dans la Ville de Chatellerault, au moins dans son territoire, quoyqu'en disent Mrs de Touraine qui se l'adoptent
parce qu'il est né, disent-ils, a La Haye en Touraine. Ils
ont raison de dire qu'il est né a La Haye le 31 mars 1596,
mais non pas pour cela en Touraine.

Pour developer ce mistere, il faut sçavoir que la Riviere
de Creuze separe le Poitou d'avec la Touraine aud. lieu
de La Haye, tout ce qui est deça la Creuze est de Poitou
et ce qui est de la est de Touraine.

La petite ville de La haye est composée d'une ville et
d'un fauxbourg comme toutes les autres villes ; et sous la
denomination generalle de la Ville de La Haye, on y com-

prend le fauxbourg. La Ville est sittuée dela de la riviere de Creuze et est de Touraine, Le fauxbourg est deça et par concequent en Poitou, du ressort de la Senechaussée de Chatellerault, de l'election de la Ville, jouissant de la franchise du sel, ce que ne fait pas la Ville, enfin sans contestation est du ressort et territoire de Chatellerault. M. Descartes est né a La Haye, il est vray, mais en quelle partie de La Haye, dans le fauxbourg, bien plus frequenté que la Ville, a cause de son privilege concequemment dans le territoire de Chatellerault (¹). Je crois que ce titre est plus que suffisant pour revendiquer un si precieux thresor, sur Mrs de Touraine qui voudraient enlever a la ville de Chatellerault, l'honneur d'avoir vu noistre dans le sein de son territoire, l'homme le plus illustre que la France ait produit.

On leur pardonne de faire tous leurs efforts quoyqu'inutillement pour se procurer un tel honneur. C'en est toujours un pour eux de pouvoir entrer en lice dans cette contestation ; sept des plus fameuses villes de la Grece et d'Asie, se disputerent autrefois l'honneur d'avoir donné le jour a Hommere et la question est encore indecise (²).

J'ajouteray a ce que je viens de dire, une circonstance tres honorable pour cette ville ; qui est que M. Descartes

---

(¹) L'auteur veut probablement parler du bourg de Buxeuil qui est situé dans l'arrondissement de Châtellerault, sur la rive gauche de la Creuse, et qui à cette époque faisait partie de la commune de La Haye dont il n'est séparé que par la rivière, mais qui en a été séparé depuis pour former une commune distincte.

(²) *Smirne* en Valachie, *Rhodes* Ille d'Asie, *Colophonne* ville d'Ionie, *Salamine* en l'Ille de Chypre, *Chio* Ille de l'Archipel, *Argos* dans la Morée, *Athènes* en Grèce. — *Note de Roffay.*

regarda si bien la ville de Chatellerault comme sa patrie qu'il eut dessein de sy etablir (¹) et comme il etoit homme de condition, il lui falloit une place convenable a sa naissance. Pour cet effet il traita de la charge de Lieutenant General de la Ville, dans laquelle il se seroit infailliblement fait recevoir syl n'en eut eté detourné par ses amis de Paris qui ly attirerent comme en un lieu plus convenable a ses rares tallants (·).

M. Daillé. — Mrs de la R. P. R. de Chatellerault nous ont aussy fourny leur part des hommes illustres en la personne de M. Jean Daillé Ministre de la Religion, né a Chatellerault le 6 juin 1594, d'une famille tres honneste.

Il etoit homme de Belles Lettres, sçavant Theologien, puisqu'il est appellé par un celebre docteur catholique

______

(¹) *Baillet.* — Vie de Descartes.

(²) Les origines, la date et le lieu de la naissance du grand philosophe ont été l'objet de nombreuses controverses ; mais M. Alfred Barbier, dans ses deux ouvrages : *Les origines chatelleraudaises de la famille Descartes* et *René Descartes, sa famille et son lieu de naissance*, a établi d'une façon indiscutable, que les grands parents et parents de René Descartes étaient châtelleraudais, qu'il est né accidentellement le 31 mars 1596 sur le bord d'un chemin, au pré Fallot, commune d'Ingrande près Châtellerault, d'où il a été transporté à La Haye où sa mère se rendait pour faire ses couches et qu'il y a été baptisé le 6 avril suivant.

En sorte que Châtellerault peut revendiquer pour un de ses enfants le célèbre philosophe qui s'inscrivait lui-même en Hollande : *Renatus Descartes, Picto,* etc. » et qui jusqu'à sa mort a toujours conservé son titre de *Sieur du Perron* qu'on lui avait donné en naissant: (Le fief du Perron était situé dans la commune d'Availles près Châtellerault).   C. P.

(Lherminier) *Nobilis inter Calvinistas Theologus;* honneste homme ayant la confiance de tout son party, etant
l'arbitre de tous leurs differens, il fut ministre en 1623.
Il travailla l'année suivante 1624 a compiller et mettre en
ordre, les memoires de Duplaissy Mornay. Il fut appellé
en 1625, pour estre ministre a Saumur et en 1626, il le
fut par le consistoire de Paris, pour estre ministre a
Charanton ou il a passé le reste de sa vie, pendant laquelle il a composé plusieurs ouvrages. C'est dommage que
des talens aussy heurenx que les siens, n'ayent pas eté
employés pour une meilleur cause. Il mourut a Paris le
15 avril 1670, agé de 77 ans. Un tel citoyen, indépen-
damment de sa Religion, fait toujours honneur a sa
patrie (1).

Bienfaiteurs. — Je dois ce me semble parler un
peu de ses bienfaiteurs. La part que je prend dans la reconnaissance publique, m'engage a raporter un fait aussy
honnorable pour son autheur qu'il est utile a cette ville.

M. Bodin des Perrieres. — Jean Baptiste Bodin, S^r des
Perrieres, Procureur du Roy de Monlhery, avoit un petit
domaine a un quart de lieue de Chatellerault, appellé les
Perrieres, paroisse d'Antoigné, et dont il portoit le nom.
Il alloit souvent sy promener ; le hazard ou plustost le
malheur voulut qu'il rencontra une bergere qui, dessein
premedité gardoit un troupeau de moutons dans une belle
piece de bled qu'il avoit; ce qui le chagrina, il reprit cependant cette bergere avec douceur, elle luy repondit in-
solemment, ce qui le porta a luy donner un coup de ba-
guette par forme de correction, ce coup luy porta contre

---

(1) L'auteur corrige un peu ce qu'il y avait d'excessif dans
sa précédente appréciation.   C. P,

sa vollonté par la temple et la renversa morte sur la place. Ce funeste accident mit cet homme au desespoir, d'autant plus qu'il etoit d'un excellent naturel. Il quitta le pays, alla a la Cour solliciter une grace qu'il obtint avec d'autant plus de facilité que l'affaire etoit tres graciable (¹). Il y fit des habitudes, sy etablit et y achetta une charge qui luy donna occasion d'estre connu du Roy Louis 14, aupres duquel il devint d'une sy grande familiarité, qu'il luy parloit quand il vouloit et de ce qu'il vouloit, avec une liberté et une franchise etonnante.

Par le seul secours des bienfaits du Roy, il fit une fortune raisonnable et qui auroit eté infiniment plus grosse syl eut eté d'un caractere moins desinteressé. Il ne perdit jamais de vue, deux objets : Sa reconnoissance envers le Roy et l'accident fatal qui luy etoit arrivé, qui luy donna de l'inquietude pendant toute sa vie. Et pour laisser un monument de l'un et de l'autre, il fit son testament, le 25 aoust 1709, par devant Vallet nottaire au Chatellet de Paris, par lequel il legue la somme de ʟ = 4000 de rantes au moins aux R. R. P. P. Cordeliers de Chatellerault, a la charge de dire tous les jours a perpetuité, une messe a l'intention du Roy, son bon et tres cher maistre, de la sienne et de tous ses parents.

Donne et legue aux R. R. P. P. Capucins de lad. ville, la somme de mil livres, a la charge qu'ils auront et mettront dans leur sacristie, a perpetuité, un billet ou sera ecrit Louis 14 et le nom du testateur, afin que lesd. Religieux et leurs successeurs se souviennent perpetuellement dans leurs prieres et sacrifices de son bon et tres cher maistre et de luy testateur.

(¹) On voit qu'en ce temps là on ne faisait pas grand cas de la vie d'une bergère.   C. P.

Donne et legue au R. R. P. P. Minimes de lad^e ville de Chatellerault, la somme de mil livres une fois payés a la charge de dire a perpetuité, une messe par semaine a l'intention de son bon et cher maistre et de la sienne.

Donne et legue a l'Eglise de St Jean (¹) de Chatellerault ou il a eté baptisé, la somme de *mil livres*, une fois payés, a la charge de dire une messe par semaine a perpetuité et toujours a l'intention de son bon et cher maistre et de la sienne.

Veut et ordonne led. testament qu'il soit pris sur son bien la somme de *seize mil livres* pour estre mis en fonds de terre en rentes convenables, pour produire au moins *huit cent livres* de rentes pour estre employées par chacun an, a perpetuité, sçavoir :

L = 400 pour marier quatre pauvres filles de la ville de Chatellerault, desquelles quatre filles, il en sera prise une du village des Perrieres apartenant au testateur.

L = 400 pour faire aprendre un metier a quatre pauvres garçons de lad^e ville de Chatellerault et dud. lieu des Perrieres syl s'en trouve, tous les ans, en age d'estre mariés et apprendre metier, syl n'y a pas de garçon, sera prise une fille, pareillement s'il n'y a point de fille, sera

---

(¹) L'*Eglise Saint-Jean-Baptiste* fut construite au XVe siècle dans l'intérieur de la ville, pour remplacer l'église *Saint-Jean hors les murs* qui était tombée en ruine. Elle fut bâtie dans le style gothique à l'emplacement qu'elle occupe actuellement, mais l'entrée était dans la rue Saint-Jean, à l'endroit où se trouve le maître autel. La nef et les deux bas côtés qui avaient à peu près les deux tiers de la longueur actuelle, ont été conservés lors de l'agrandissement de cette église et de la construction de la flèche qui surmonte l'entrée actuelle sur le boulévard Blossac, vers 1860.   G. P.

pris un garçon, pour aprendre metier, et marier une fille. L'intention du testateur etant que lesd. L = 800 de rentes, soient employés, soit pour marier des filles, soit pour aprendre des metiers a de pauvres garçons, qui seront obligés de prier Dieu pour le Roy son bon maistre et pour luy même (1). Il donne par le même testament a M. Le Lieutenant general, Lieutenant Particulier, Les Avocat et Procureur du Roy et Le Maire de la ville, le droit de nommer et choisir lesd. filles et garçons.

Il n'est pas possible d'exprimer le bien que cette fondation a fait et fait encore tous les jours, a la ville de Chatellerault, par la sage, louable et equitable distribution qu'en font les magistrats auxquels le soin en est confié. Ce bienfait n'est seulement pas utile a ceux auxquels il est appliqué, c'est une semence qui se multiplie et produit son espece. Telle fille qui sans ce secours, auroit eté reduitte a la mandicité ou exposée a la tentation de la necessité, se trouve non seulement en etat de gagner honnorablement sa vie et de vivre dans la sagesse et la modestie convenable a son sexe, mais encore d'elever et d'aprendre son metier a une, deux et trois sœurs qui se trouvent bientost dans la même situation que leur ainée. Combien de jeunes gens dont les parens sont hors d'etat de leur donner de metiers, auroient eté des vagabons, capables des plus grands exès, qui par ce secours deviennent de bons artisans qui en gagnant honnestement leur vie, elevent une famille et suportent les charges de l'Etat.

---

(1) Je ne sais si toutes ces précautions prises par Bodin des Perrières pour le repos de son âme et de celle du Roy, ont eu le résultat qu'il en attendait, mais depuis la Révolution, l'exécution de ses legs a dû se trouver arrêtée par la disparition des Minimes et des Cordeliers.   C. P.

Quels avantages pour cette ville, ne sommes nous point en droit d'attendre d'une disposition si sage et si utille, quelle attention ne doivent point avoir les conservateurs d'un etablissement si louable, pour empescher qu'il ne perisse ou qu'il ne souffre quelque alteration. Il est heureusement dans de bonnes mains qui sauront le soutenir, le protéger et le faire valloir selon l'intention du testateur.

Jacques Berthelin. — Apres avoir epuisé toutes les recherches qui ont dependu de moy, dans les titres et registres publics et particuliers, j'ay pensé que je pourrais trouver quelque matiere interessante pour cette ville dans dans les monumens des Eglises, mes soins n'ont pas eté tout a fait inutilles ; j'ay trouvé une epitaphe lattine dans la chapelle noire de l'Eglise de St Jacques, gravée sur une plaque de cuivre attachée contre un des murs de lad. chapelle, qu'il a fallu nettoyer avec peine pour la lire, cette epitaphe contient un fait si singulier, que j'ai cru devoir le coppier en entier, j'en donneray la traduction en Français a la suitte (¹).

« *Hic jacet Jacobus Berthelini, sentifer Dominus de Romai-*
« *gne ex mota Berthelini in afvo, primo a Niorto in pictonibus*
« *lapide, genus et nomen trahens, quippe filius minor domini*
« *hujus loci Joannis et Petroniliæ Maynier, nepos Joannis et*
« *Janæ de montibus abnepos Guillelmii Berthelini et Margaitæ*
« *Darna, proncpos Roduphi et Magdalenæ Duvefgier qui omnes*
« *milites in arte bellica suis temporibus claverunt et in diver-*
« *sis proliis et locis suis pro regibus ceciderunt.*

(¹) La description de cette épitaple, dans le manuscrit de Roffay, se trouve au milieu de l'Etat économique et social qui termine ces mémoires, j'ai pensé qu'elle serait mieux à sa place ici. C. P.

« *Ipse quoque Jacobus admodum juvenis ictio glaudis plombeæ*
« *in Italia ad Papiam sinistra manu debilitatus ex rudimentis*
« *armorum avictis ad inusarum ostia transire coactus, harum*
« *et natallium favore a Rege Francisco primo memori virtutis*
« *exhibitæ et vulneris coram se accepti, munus cognitoris sui*
« *in hac urbe non sine spe majoris aliquando munificentiæ qua in*
« *urbe munere consenuit. Ducta Adriana filiâ Petri Bonasci et*
« *Janæ Turquantæ primo genitæ ex quâ susceperat vigenti qua-*
« *tuor liberos omnes masculos quos præter duos præposteros*
« *ordine naturæ dum undique Gallia ardet bello plusquam*
« *civili absumptos pro avorum religione ferro variis casibus*
« *vidit ; annos ipse multum scilicet ultra septuagenarium anno*
« *quingentesimo et octogesimo sexto post millesimum die sexto*
« *novembris Adriana charissima uxore et Joanne Cognitore*
« *etiam tum Regis nec non Jacobo filiis superstitibus obiit* ».

« Cy git Jacques Berthelin escuyer, seigneur de Romma-
« gne, descendu de la maison et famille De la Motte Berthe-
« lin Daifve, paroisse distante d'une lieue de la ville de
« Niort, en Poitou, estant fils puisné de Jean Berthelin sei-
« gneur dud. lieu et de Petronille Maynier, petit fils de Jean
« Berthelin et de Jeanne Desmons, arriere petit fils de Guil-
« laume Berthelin et de Marguerite Darnac, lequel Guillau-
« me etoit fils de Rodolphe Berthelin et de Magdelaine Du-
« vergier ; lesquels se sont tous distinguez par les armes et
« sont glorieusement morts au service de leurs Roys en di-
« vers temps et combats.

« Jacques Berthelin luy mesme ayant eté blessé dans sa
« plus tendre jeunesse a la main gauche d'un coup de mous-
« quet au Siège de Pavie se vit obligé de passer du metier
« des armes ou ses ayeux luy avoient frayé un si beau che-
« min, a l'etude des Belles Lettres. François Premier, tout
« en faveur du progrez qu'il y fit que par sa considération
« pour les services rendus a l'Etat par ses ancetres, d'ailleurs
« tesmoin oculaire de sa valleur et de sa blessure, le gratifia
« de la charge de Procureur du Roy en cette ville avec pro-

« messe d'une plus ample recompense dans la suitte ; il a
« fait les fonctions de cette charge dans cette ville jusques
« dans sa vieillesse.

« Il epousa Adrienne de Bosnac, fille ainée de Pierre de
« Bosnac et de Jeanne Turquant, de laquelle il eut vingt-
« quatre enfants masles, qu'il eut le chagrin, a l'exception
« de deux qui estoient contrefaits ou disgraciez de la natture,
« de se voir enlever par le fer de l'ennemy en combattant
« pour la Religion de leurs ayeux en differentes rencontres
« pendant les guerres civiles dont la France etoit pour lors
« agitée et enfin estant arrivé a une grande vieillesse ayant
« plus de soixante dix ans, il mourat le sixiesme de Novem-
« bre mil cinq cent quatre vingt six, laissant apres luy sa
« chere epouse Adrienne et Jean qui desja pourveu de la
« charge de procureur du Roy et Jacques ses deux fils ».

Tout est interessant dans cette histoire, le nombre considerable d'enfans, au dela duquel on n'en voit gueres,
surtout d'une mesme femme, tous masles et tous excepté
deux, morts au service du Roy, de l'Etat et de la Religion.

Il y a toute aparence que les deux qui ont resté auroient
eu le mesme sort si la natture, ingratte a leur egard, ne
les avoit mis hors d'etat de suivre l'exemple de leurs
freres.

C'est dommage qu'une famille si honnorable soit eteinte
a moins qu'il n'en reste du costé de Niort d'ou elle est
sortie.

État Économique & Social
de Chatellerault

**Mœurs et caractéres des Chatellerau-
dois.** — J'ai gardé le silence jusqu'a present sur les
mœurs et le caractere des habitans de la ville de Chatellerault, parceque d'un costé, en estant moy même citoyen,
il ne conviendroit pas d'en dire du mal, s'il y en avoit a
dire, ce qui n'est pas et que de l'autre, je pourrois estre
suspect sur le bien que j'en dirois qui existe reellement
et que je sçay; cette obmission paroissant cependant trop
marquée, pouvant estre prise en mauvaise part et inter-
pretée a leur desavantage, j'ay pris le party qui m'a paru
le plus sage et le plus convenable, qui a eté de laisser
parler les autres et de raporter simplement et fidellement
les termes dont ils se sont servy a leur égard.

Piganiol de la Force, dans *Nouvelle description de la
France* (tome 4) dit que les habitans de Chatellerault sont
spirituels et industrieux, ces deux mots renferment ce me
semble, tout ce que l'on peut dire en leur faveur. Le sexe
a bonne part a la justice que le sieur de la Force leur
rend.

Les femmes. — Il est certain que les femmes de cette ville ont beaucoup d'esprit, de delicatesse, de vivacité et beaucoup de politesse. Elles sont d'ailleurs communement bien faites, tres aimables et par dessus tout tres vertueuses, et fort atachées a l'education de leur famille et a leurs affaires domestiques (¹). Quelqu'un a dit que les habitans de Chatellerault etoient enclins a la raillerie. Quand elle est a l'avantage de celui qui en est l'objet comme il est de regle, ce n'est point un deffaut, mais on abuse quelquefois des meilleures choses.

Je dois cependant ajouter cela qu'ils sont tres bons serviteurs et tres fidelles sujets du Roy, obeissants jusqu'a la mort a ses ordres et a ceux du grand magistrat a qui Sa Majesté a confié dans cette province, la plenitude de son authorité. Je ne dois point passer sous silence qu'ils sont tres adroits dans l'exercice des armes. Le Roy Louis 13 leur donna des Lettres Patentes au mois d'aoust 1614 qui leur permit de s'assembler a tels jours qu'il leur plairoit pour tirer au *Papegault* (·), exercer les jeux d'arquebuse. arc et arbaleste; qui furent confirmées par autres du mois de decembre 1635. Le Roy Louis 14 leur en donna de pareilles dattées du mois de juin 1653. Les motifs en sont tout a fait glorieux, c'est a cause de leur fide-

---

(1) Les appréciations de Roffay sont peut-être un peu exagérées, mais la galanterie française défend de le contredire.   C. P.

(2) Le *Papegault* ou *Papegai* (mot qui signifiait *Perroquet*), était un oiseau de bois que dans certaines villes de France on mettait au bout d'une perche pour servir de but aux tireurs d'arc ou d'arquebuse. Le vainqueur était quelquefois récompensé par un prix assigné sur le produit des aides. Ce jeu est encore fort en honneur dans le nord de la France.   C. P.

lité et affection au service de Sa Majesté et pour instruire la jeunesse a la deffence (¹) et conservation de cette
ville dans l'obeissance du Roy. Il plut a Sa Majesté d'attribuer a celui qui abat le papegault des privileges tres
considerables et entrautres d'estre pendant l'année de
leur Royauté, exempts de toutes impositions, commissions, taille, droits de huit et dixieme et autres subsides
generallement quelconques mises ou a mettre et pour quelques causes que ce soit, qu'ils jouissent en outre de tels
et semblables droits, exemptions et privileges, franchises,
liberté, que les habitans des villes de Blois, Tours, Saumur, Angers et autres. Je pense que ce privilege doit estre
confirmé a chaque avenement de nos Roys. Si cela est je
suis surpris qu'on ait attendu jusques a present a en demander la confirmation.

Grands Chemins — Les Grands Chemins ont
toujours eté regardés dans les Etats bien polissés, comme
un objet de concequence et qui meritoit une attention
particulière. Les Romains l'ont poussé au dela de toute
autre nation, et ne se sont pas rendus moins recommen-
dables par les beaux, grands et magnifiqees chemins qu'ils
ont fait que par leurs exploits militaires et les etablisse-
mens des sages loix que nous suivons encore. Ils ont porté
la magnificence sur cet article, au dela de tout ce qu'on
peut dire, jusqu'a faire dans certains chemins deux chaussées, l'une pour aller et l'autre pour venir, afin d'eviter
les embaras; ils s'appelloient *Bina Gemina*. Ces deux
chaussées etoient separées par une levée, parée de bri-
ques pour les gens de pied, sur laquelle il y avoit d'espace

(¹) Comme cela a été dit souvent, il n'y a rien de nouveau
sous le soleil ; nos sociétés de tir ne sont que la copie des
compagnies de tir au Papegault.　　　　　　C. P.

en espace, des collones milliaires pour marquer les distances. Ce genre d'ouvrage a eté un peu negligé en France, sous les precedents Reignes, d'autres soins apparam-
ment plus pressants, occupoient les conseils du Roy. On
en a repris aujourdhuy et d'une fasson qui feroit l'admiration de ceux qui nous ont servy de modele ; et pour me
renfermer dans mon petit district, je nay qu'a rappeller
l'affreux chemin qu'il y avoit de La Haye et du Port de
Pille a Chatellerault et de Chatellerault a Poitiers, ce n'e-
toit que bourbiers dans lesquels les voitures publiques et
particuliere restoient souvent et toujours avec de grands
risques pour les voyageurs. Nous en avons vu de tres
funestes exemples ; on se faisoit peine d'aller a Poitiers.
Ce n'est plus cela, tous les mauvais chemins ont disparu
et on sait a peine les endroits ou etoient les mauvais pas,
aller a Poitiers n'est plus faire un voyage, c'est une promenade et des plus gracieuses, les chemins qui serpen-
toient de fasson a faire souvent tourner le dos, au lieu ou
l'on vouloit aller, sont aujourdhuy allignés avec une jus-
tesse et une precision parfaite. Les anciens chemins, tantost d'une largeur prodigieuse, tantost trop resserrés sont
maintenant renfermés dans une espace toujours egalle,
commode et suffisante, entre deux fosses au dela desquels,
il y a a droite et a gauche, une rangée d'arbres de differentes especes, suivant la qualité du terrein, qui com-
mencent a faire une decoration tres gracieuse, et augmen-
tent de jour a autre. Le fond de ces chemins est tres soli-
ment et tres proprement pavé. Tout cela na pu ce faire
surtout les alignemens sans qu'il sy soit rencontré des
obstacles et des oppositions naturelles qu'il a fallu sur-
monter. Icy ça eté un fond marecageux sur lequel il a
fallu faire des chaussés, quelquefois des ponts. La des
rochers tres elevés et escarpés au travers desquels il a

fallu se faire jour. Tout cela a ceddé aux soins de Monsieur Le Nain, intendant de cette province, qui apres en avoir conçu le dessein et forme le pland, a sçu parfaitement le faire mettre a execution avec l'admiration de toute la province et de tous les voyageurs ; c'est un monument qui immortaliseroit son nom, syl n'en laissoit pas un autre plus puissant et plus precieux dans nos cœurs, et que nous devons transmettre a la posterité, par la reconnoissance que nous luy devons pour tous les biens qu'il a fait et procuré à cette Province.

Il y a un autre genre de chemins qui quoyque moins brillants, sont encore plus nécessaires au public, ce sont ceux par lesquels, la Ville de Chatellerault tire une partie de ses denrées ; et speciallement le bois a bruller qui vient presque tout d'un mesme costé, espece si necesssaire que sans elle, toutes les autres seraient inutilles ; on en a fait cet hiver 1738, une triste expérience, parce qu'il etoit de toute impossibilité d'en faire venir par charrois des lieux ordinaires, les chemins etant impraticables a cause des grandes et continuelles pluies.

Les reparations qui seroient a faire et apres lesquelles, il y a un siecle et peut estre davantage que la Ville soupire, ne seroient pas immences ny tres couteuses ; elles se reduisent a trois articles.

Premierement. — Les reparations du guay de Landin a deux lieues de Chatellerault sur le chemin de Plumartin ; c'est une chaussée qui traverce un marais, avec quelques petits ponts ou arches de distances en distances, cette reparation est sur l'etat des Ponts et chaussées arresté en l'année qui preceda la dernierre guerre et qui auroit eté faite sans cela ; le devis qui y est porté, instruira infiniment mieux du merite de la chose que je ne ne pourrois faire.

Deuxiememement. — Les Reparations du pont de Marsay, sur un petit ruisseau, paroisse St Hillaire a une lieue et demie de Chatellerault, qui consistent en quelques réssepements et a faire a neuf environ 60 toises de pavé, a la queue dud. pont, pour sortir d'une espece de marais qui y joint.

Troisiememement . — Le lieu appellé le Terroir Blanc, a une demie lieue de Chatellerault, est impraticable par les moindres pluyes. Il y auroit cinq a six cent toises de pavé a faire et quelques trous dangereux a combler. L'autheur de pareilles reparations meriteroit a perpetuité les vœux et les prierés de tous les habitans de Chatellerault.

Revenus et charges. — Les revenus de cette ville ne meriteroient pas d'estre raporté sy on pouvoit s'en dispenser. Ils consistent dans la seconde moitié des deniers d'octroy, le Roy s'etant aproprié de la premiere. Laquelle seconde moitié vaut environ Mil livres de revenu, sur quoy il y a pour sept cent et quelques livres de depence annuelle et reglée par Arrest du conseil ; en sorte qu'il ne reste presque rien pour les besoins et la decoration de la ville.

Les matieres generalles ayant eté traittées non pas selon la dignité qui leur convenoit, mais au niveau de ma portée, je vais maintenant raporter les faits particuliers et pour ainsy dire domestiques de cette ville.

J'ay dit cy devant que le Roy Charles 9 avoit creé une maison de ville pour Chatellerault par son Edit de Janvier 1561. La crainte d'interrompre le fil de l'histoire par un trop long detail sur cette matiere m'empescha de donner pour lors l'etat de ses revenus et de ses charges, je ne puis mieux les placer qu'icy.

Tout le revenu de la maison de ville consiste dans la seconde moitié des octroys sur les vins vendus en detail, elle est actuellement affermée $L = 1120$ aux Fermiers des Aydes qui ayant la preference et d'ailleurs beaucoup de credit, empesche souvent que cet objet ne soit porté a sa juste valleur.

Les charges ordinaires et reglées par differens arrests du Conseil *(arrest du dernier Juillet 1691 — 19 Janvier 1700, pour la dominicale seulement)*, sont :

La Retribution du Predicateur de la dominicalle (1)	70 L
La Retribution du Caresme.	50 L
La Retribution de l'Avent.	30 L
Le gage des quatre sergents de ville.	100 L
Le Logement de M^r Le Gouverneur. . . .	60 L
Les Gages de M^r Le Maire. . . . . . : .	30 L
Les Gages du Greffier de l'hotel de ville.	20 L
Pour le bois des feux de Joye.	20 L
Pour l'entretien des pavez publics et des Tours du Pont.	40 L
Pour l'entretien du gros orloge. . . . . :	15 L
Pour l'entretien des Corps de garde.	20 L
Pour le bois et chandelle des Corps de garde. .	20 L
Pour le papier des routes et des billets de soldats. .	30 L
Pour les presens de ville.	20 L
Pour l'entretien du bassin de la fontaine. . .	6 L
Pour le sol p^r L. de taxations du Receveur. .	56 L
Les episses (2) du Compte a la Chambre montaient à.	136 L
	723 R
En sorte qu'il ne reste plus pour les besoins extraordinaires que.	397 L
	1120 L

---

(1) La *Dominicale* était un cours de sermons pour les dimanches de l'année.

(2) Quand on avait gagné un procès, on allait par reconnaissance offrir des *épices* à ses juges. Ceux-ci, quoique la justice dut être rendue gratuitement, les acceptèrent. En 1402

Etat ecclesiastique. — L'Eglise etant le premier ordre de l'Etat, il est juste de commencer par elle. J'ay parlé de quelques-unes de ses parties, quand j'ay pu recouvrer des titres suffisans; je me suis adressé a Messieurs les Curés comme a une source feconde et certaine pour apprendre d'eux, le tems et les circonstances de leurs fondations, les noms et les qualités de leurs fondateurs. Tous ont fait des recherches, mais infructueuses, par la calamité des tems passés et des troubles de la R. P. R. qui ont dissipé les titres ou ils auroient puisé ce que je leur demandais. Je me trouve par la reduit a raporter l'etat present du Clergé seculier et regulier dans lequel je comprendray encore les parties que j'ay traittées dans leur ordre, afin de le voir en entier, et pour ainsy dire d'un coup d'œil. Il consiste dans :

Le Chapitre. — 1° Le Chapitre de l'Eglise Collegiale de Notre Dame ( ) composé d'un *doyen* qui est la premiere dignité et qui est a la nomination du Seigneur Engagiste ; de dix *chanoines* y compris le *chantre* qui est une dignité. Ils sont collateurs de leur Prebendes; il y en avoit onze autrefois, mais il en fut pris une, ou plutost son revenu,

---

les épices étaient considérées comme une redevance et devinrent obligatoires. Cet abus se maintint jusqu'à la Révolution. (*Chéruel. — Dictionnaire des Institutions de la France*).

(¹) Une *Collégiale* était une église desservie par des chanoines réguliers ou séculiers qui formaient un *Chapitre*.

Les *Chanoines* étaient des religieux qui vivaient dans un cloître, mais ils pouvaient avoir des habitations particulières dans ce cloitre où ils vivaient de revenus qui leur étaient attribués en argent ou en provisions sur les biens des communautés et qui constituaient ce qu'on appelait une *prébende*.

C. P.

pour en former le college qui subsiste actuellement et ce
en concequence de l'article 9 de l'Ord^ce d'Orléans, dont la
disposition a eté confirmée par l'article 33 de l'Ord^ce de
Blois, duquel art. 9 de l'Ord^ce d'Orléans je vais raporter
le texte :

« Outre la prebende theologalle, une autre prebende ou le
« revenu d'icelle demeurera de-tiné pour l'entretenement
« d'un Precepteur qui sera tenu moyennant ce, instruire les
« jeunes enfans de la Ville gratuitement et sans salaire,
« lequel Precepteur sera elu par l'Archevesque ou Evesque
« dud. lieu, appelés les chanoines de leur Eglise, les Maires,
« Echevins, Conseillers ou capitouls de la Ville et destitua-
« tuables par lesd. Archevesques ou Evesques par l'avis
« des susdits. »

Un *maistre de Psalette*, de quatre *Vicaires* a la nomination dud. Seigneur, et de six *enfans de cœur*, sans com-
ter les autres charitées que la pieté de ce chapitre prend
a gages a ses propres fraix et sans obligations, quoyque
leurs bénéfices soient tres mediocres, valant a peine, année
commune L = 400 de rentes ; on ne peut se dispenser de
dire, qu'il ny a pas de Cathedralle dans le Royaume, ou le
service divin se face avec plus de regularité et de dessence que dans celle cy, tous les membres qui composent
ce chapitre concourant a leur mutuelle edification et a
celle du public. Il mourut il y a quelques années, un de
leur membre, en odeur de sainteté, il s'appelloit Guillaume de Lamirault, prestre et Chantre de la ditte Eglise ;
les particularités de sa vie penitente sont aussy étonnantes
quelles sont admirables, elles meriteroient d'estre traittées
dans un volume entier.

Prieurés. — Il y a deux Prieurés (¹) dans la même ville,

(¹) Nom donné à certaines églises paroissiales et aussi à
des communautés religieuses,

tous deux de fondations tres anciennes ; celuy de *Saint Romain* est le premier et le plus ancien, il etoit cy devant possedé par un regulier, il l'est presentement par un seculier a la nomination de l'abbé de St Ciprien, qui a obtenu une bulle pour nommer en commende, les benefices reguliers de son abbaye. Tel qu'est le Prieuré de St Romain, le titulaire de ce benefice, pretend presider sur tous les ecclesiastiques de la Ville ; il est curé primitif des paroisses de St Romain, Notre Dame et St Jean Baptiste ; le revenu est d'environ L = 2000.

Celuy de *St Jacques*, est curé primitif de la paroisse de ce nom, il est possedé par un seculier et vaut environ L = 300 de rentes. Il est a la nomination de l'abbé de St Savin.

Paroisses. — Il y a cinq paroisses qui sont raportées suivant le rang qu'elles tiennent entrelles et dont les curés sont aux nominations suivantes :

1° *St Romain* a la nomination du Prieur de St Romain
2' *Notre Dame* ou est le Chapitre et a sa nomination
3° *St Jean* a la nomination du Prieur de St Romain
4° *St Jacques* a la nomination de l'Abbé de St Savin
5° *St Jean l'Evangeliste* (¹) qui est au fauxbourg de Chateauneuf, a la nomination de l'Abbé de St Germain des Prés a Paris ;

Qui toutes a peine, vallent la portion congrue, excepté celle de St Jean qui a environ L = 700 de revenu.

(¹) L'Eglise de *Saint-Jean-l'Evangéliste*, dit l'abbé Lalanne, a été fondée par Hugues II de La Rochefoucaud, vicomte de Châtellerault, de 1157 à 1175, avec le château qu'il fit bâtir sur la rive gauche de la Vienne où s'est formé depuis le faubourg Châteauneuf qui dépendait alors de la paroisse de Naintré. Cette église était construite sur l'emplacement actuel de la place de la République, elle a été démolie en 1875.   C. P.

Il y a un casuel raisonnable que l'on ne puis fixer et qui les met tous en état de vivre honnestement.

Chaque paroisse exepté Notre Dame et St Romain, ont leur vicaire et quelques Prestres habitués.

Communautés Religieuses. — Il y a trois communautés religieuses d'hommes, sçavoir : *Cordeliers, Minimes* et *Capucins;* toutes trois reduittes a peu de Religieux, quoyque ces lieux reguliers, soient suffisans pour contenir les nombreuses communautés qui y ont eté autrefois. Il y a certainement une cause de cette diminution qui procede de l'un de ces deux principes : ou du relachement de la charité des habitans ou du peu de sujets qui se presentent pour l'etat monastique; j'aime mieux croire qu'elle vienne de cette derniere cause, les habitans de Chatellerault etant tres charitables. Il n'y a qu'une communauté de filles dont j'ay parlé en son lieu, et dont on ne peut assés louer le zelle (¹).

Il y a outre cela une petite Chapelle dans le faux bourg de Chateauneuf, sous l'invocation de St Marc, ou l'on dit la messe une fois chaque mois; elle est a la nomination du sous doyen de St Pierre de Poitiers (²).

Si je n'ay point parlé du diocese, c'est icy le lieu de dire que la ville et son territoire sont du diocese de Poitiers. Il y a dans cette ville quelques *maitres a lire* et a

---

(¹) Ce sont les filles Notre Dame, dont il est question à la page 99.　　　　　　　　　　　　　　　　　　　　C. P.

(²) Cette chapelle, dont on voit encore les restes au coin de la rue Saint-Marc et de la Grand'Rue Châteauneuf, faisait partie de l'*Aumônerie de Saint-Marc*, qui existait de temps immémorial et qui changea de destination au milieu du XVe siècle. On supprima l'aumônerie et la chapelle fut convertie en simple chapellenie.　　　　　　　　　　　　　　C. P.

ecrire qui sont assés occupés speciallement depuis la suppression des ecoles charitables. Il y a aussi un *imprimeur libraire.*

Justice. — La justice est administrée dans la ville de Chatellerault par differents tribunaux suivant les matieres et sont au nombre de cinq Juridictions Royalles.

Senechaussée et siege Royal. — Le premier creé sous le nom de Gouvernement comme on l'a dit ailleurs, s'appelle maintenant *Senechaussée et siege Royal,* ressortissant au Parlement de Paris (1) et au Presidial (2) de Poitiers, au cas de l'Edit.

Officiers. — Un *grand Senechal* (3) de Robe Courte (4)

---

(1) Le *Parlement de Paris* était une puissance avec laquelle les Rois devaient compter. Les lois ne pouvaient être appliquées que lorsqu'elles étaient inscrites sur les registres du Parlement ; il avait fini par s'arroger le droit de ne pas inscrire sur ses registres les Ordonnances Royales ou au moins de faire des représentations au Roi avant de transcrire ses Ordonnances. Son autorité judiciaire s'étendait sur tous les tribunaux de France. — (*Chéruel. — Dictionnaire des Institutions de la France*).

(2) Les *Présidiaux* représentaient ce que nous appelons aujourd'hui les tribunaux de première instance. Ils jugeaient sans appel, lorsque la somme en litige n'excédait pas 250 livres de capital ou 10 livres de rente. Pour les sommes supérieures, il y avait appel devant le Parlement. — (*Chéruel. — Dictionnaire des Institutions de la France.*)

(3) Officier rendant la justice au nom du Roy dans la circonscription formée par la Sénéchaussée.   C. P.

(4) Autrefois les magistrats et les membres du clergé étaient dits de *robe longue,* et ceux qui portaient l'épée, gens de *robe courte.* — (*Dezobry et Bachelet. — Dictionnaire d'Histoire et Géographie*).

sous le nom duquel, la justice s'administre et auquel seul on adresse la parole lorsqu'il est au siege.

Un *President*,

Un *Lieutenant General Civil* auquel est remise la charge d'Enquesteur, commissaire examinateur,

Un *Lieutenant General Criminel* (¹),

Un *assesseur Civil*,

Un *assesseur Criminel* (²),

Trois *Conseillers.*

Les dates des créations des officiers cy dessus sont à la fin de ce volume.

Un *avocat du Roy*

Un *Procureur du Roy* (³).

Ce tribunal est garny de plusieurs avocats qui se distinguent autant par le zelle et la charité avec lesquels ils embrassent la deffence de la Veuve et de l'Orphelin contre l'oppression du chicaneur que par leur profonde erudition et la vivacité de leur elloquence.

Le *Greffe en chef* appartient au Roy,

Un *Greffier civil*,

(¹) Le **Lieutenant Général Civil** jugeait les contestations qui demandaient une prompte solution, il instruisait les affaires civiles.

Le **Lieutenant Général Criminel** instruisait les procès criminels.

Tous deux portaient la robe longue.   C. P.

(²) Les *assesseurs* étaient des aides gradués en droit qui assistaient les juges. — (*Chéruel. — Dictionnaire des Institutions de la France*).

(³) Le **Procureur du Roy** remplissait les fonctions du ministère public, comme aujourd'hui le *Procureur de la République.* (*Chéruel — Dictionnaire des Institutions de la France.*)

Un *Greffier Criminel*,

18 *Procureurs* (¹),

Un premier *huissier audiancier*,

8 *huissiers audianciers ordinaires*,

16 *Sergents bailliagers*.

Il y a 16 *Nottaires Royaux* dans la ville de Chatellerault, ce nombre d'officiers est trop grand pour les affaires de leur ministere, d'autant qu'il y en a pareil nombre dans la campagne du Ressort.

Ellection (²). — Un *president*, commissaire enqueteur.

Un *Lieutenant* civil

Deux *Elus*

Un *Procureur du Roy*

Un *Greffier* en Chef

Quatre *Procureurs* postulants

Un Premier *huissier* (³)

Quatre *huissiers* ordinaires

(¹) Les *Procureurs* remplissaient autrefois, près des tribunaux, le rôle que remplissent aujourd'huy les avoués, c'est-à-dire qu'ils comparaissaient en jugement pour les parties, ils instruisaient leurs causes et soutenaient leurs intérêts. — (*Chéruel. — Dictionnaire des Institutions de la France*).

(²) On appelait autrefois *Election*, une circonscription financière, soumise à la juridiction des magistrats appelés *Elus*, parce que dans l'origine ils étaient élus par le peuple ou par les Etats généraux. Ils jugeaient en première instance les procès relatifs à l'assiette des tailles et autres subsides. — (*Chéruel. — Dictionnaire des Institutions de la France*).

(³) Les *huissiers* étaient chargés de signifier les sentences des tribunaux et de les exécuter en appréhendant les condamnés.— (*Chéruel. — Dictionnaire des Institutions de la France*).

Deux *Receveurs des Tailles* (1)

Eaux et Forest. — Un *maistre particulier*
Un *lieutenant,*
Un *Garde marteau* (2)
Un *Procureur du Roy*
Un *Greffier*
Un *Receveur particulier* des bois

Justice des Depots (3). — Un *President,*
Un *Lieutenant*

---

(1) La *Taille* était un impôt levé sur les roturiers en proportion de leurs biens et de leurs revenus ; c'était à la fois un
impôt personnel et un impôt territorial. Le nom de *Taille*
vient, paraît-il, de ce que dans l'origine ceux qui percevaient
la taille se servaient d'une taille de bois pour marquer les
sommes qu'ils avaient reçues. Les plus riches étaient exempts
de la taille, ainsi que le clergé, la noblesse et un grand nombre d'officiers royaux, ce qui rendait cet impôt odieux.

Il était établi par les *Elus* qui dressaient les rôles d'après
les feux de chaque paroisse et faisaient la répartition de la
taille dans la circonscription territoriale soumise à leur con-
trôle, c'est-à-dire dans l'*Election*. La perception en était confiée à des collecteurs ou *Sergents des Tailles*. — (*Chéruel.* —
Dictionnaire des Institutions de la France).

Les *Receveurs des Tailles* étaient chargés de recevoir les
sommes fournies par cet impôt et aussi par certains impôts
ou droits domaniaux, il y avait un Receveur des Tailles pour
les années dont le millésime était pair et un autre pour les
années dont le millésime était impair.   C. P.

(2) Officier chargé de marquer avec un marteau, dont la
garde lui était confiée, les arbres qui devaient être réservés.
          C. P.

(3) *Dépôts de sel* ou *Greniers à sel.*

Un *Procureur du Roy*
Un *Greffier*
Un *Premier huissier.*

Pollice. — Un *Lieutenant General* (¹).
Un *Procureur du Roy*
Un *Commissaire de pollice.*
Un *Greffier.*

Les officiers de la Senechaussée et des Eaux et forest sont a la nomination du Seigneur Engagiste, tous les autres sont a la nomination du Roy.

Juridiction consulaire. — Un *juge* et *deux consuls.*

Les Marchands qui sont appellés ont droit de suffrage.
Un *Premier huissier.*

De ces cinq juridictions, deux ressortissent a la Cour des Aides (²), l'Ellection et le Depost ; les autres au Parlement.

Pour la sureté publique, il y a une *brigade de Marechaussée.*

Il y a outre tous ces officiers de justice, trois *huissiers au Chatelet,* etablis dans cette ville, sans que la Residance soit marquée.

(¹) Les fonctions de *Lieutenant Général Civil,* *Lieutenant Général Criminel, Lieutenant Général de Police,* étaient concentrées entre les mains du même magistrat.   C. P.

(²) La *Cour des Aides* était un tribunal chargé de juger en dernier ressort les procès concernant les impôts appelés *aides, gabelles, tailles.* — (*Chéruel.* — *Dictionnaire des Institutions de la France*).

Maison de Ville (¹) — Quoyque la maison de Ville n'ait a present, aucune Juridiction contentieuse, elle peut estre icy raportée, elle est composée de :

Un *Maire* (²)

Un *Lieutenant de Maire*

Deux *assesseurs*

Deux *echevins* (³)

Un *avocat*

Un *Procureur du Roy*

et Douze *Conseillers de Ville*.

Milice. — Il y a aussy dans la ditte ville, un

(¹) *Maison de Ville* était synonyme de *Conseil de Ville*.

(²) Le *Maire*, du latin *major*, qui indique une supériorité, était le premier magistrat de la Maison de Ville. Malgré cela, jusqu'à la Révolution, il eut une existence bien précaire, étant constamment en lutte avec les magistrats du Siège Royal et en particulier le Lieutenant Général, sous la tutelle duquel il se trouvait.

Au début, les Maires furent désignés par le choix de leurs pairs ; Louis XIV créa des charges de Maire, vénales. Pendant tout le XVIIIᵉ siècle, ils furent à la nomination du Roi, qui choisissait sur une liste de trois candidats présentés par le Conseil de Ville. C. P.

(³) Les *Echevins* formaient le Conseil de Ville avec quelques notables sous la présidence du Maire. Ils formaient aussi un tribunal de simple police et prononçaient des amendes. Ils pouvaient même, dans certaines circonstances, condamner à l'emprisonnement. — *(Chéruel. — Dictionnaire des Institutions de la France)*

L'*Echevinage*, ou réunion des Echevins, s'occupait aussi du règlement des difficultés qui s'élevaient dans les corporations. C. P.

bataillon de millice (1) composée d'un Capitaine Commandant, c'est *le Maire* et de *Cinq autres Capitaines*, ce qui fait six compagnies, un *major*, un *aide major*, six *lieutenants* et un *Garçon major*.

Tous les habitans excepté ceux qui ont privillege pour s'en dispencer, doivent se rendre au drapeau de leur Compagnie, ce qui peut comprendre environ douze cents hommes bien faits, d'aage et de tailles a porter les armes.

Noblesse. — L'Eglise, les Tribunaux et le militaire etant raporté, M^{rs} les Gentilshommes doivent y trouver leur place, nous en avons en petite quantité.

La noblesse etablie a Chatellerault se reduit a deux familles :

Celle de *Mrs Fumée* en est une :

Il y a environ 80 ans que cette famille vint s'etablir dnns cette ville, ou elle a remply et remplit actuellement les premieres places de la Robe, dans l'administration desquelles, elle a rendu et rend la justice, avec autant d'Equité que de desinteressement. Le premier fut receu le 10 Mars 1663.

Messire *Jean Fumée*, chevallier de l'Ordre militaire de St Louis (2), Lieutenant d'Infanterie est actuellement

---

(1) La *Milice* était surtout organisée pour la défense de la cité et de ses privilèges. Aussitôt qu'ils étaient menacés, elle courait aux armes, tendait ses chaînes, barricadait ses rues et luttait pour le maintien de ses droits.

Elle fut remplacée au début de la Révolution par la *Garde Nationale*. — (*Chéruel*. — *Dictionnaire des Institutions de la France*).

(2) L'ordre de la Chevalerie de *Saint-Louis* avait été créé par Louis XIV en faveur des officiers qui se distinguaient dans les armées de terre et de mer ; on ne pouvait être admis à cet ordre qu'après dix années de services éprouvés. — (*Chéruel*. — *Dictionnaire des Institutions de la France*).

Grand Senechal du Chatelleraudais, Messire *Henry Fumée* son neveu est President, Lieutenant General civil, criminel, Commissaire enquesteur et examinateur de la Senechaussée de cette ville et Lieutenant General de Pollice.

La seconde est celle de Mrs *Derozel ;* sont originaires de Touraine et ce sont etablis dans cette ville, depuis environ 35 ans, a l'occasion d'un mariage ; ils partagent cependant cette residence entre cette ville et leurs terres de Touraine, d'Anjou et de Bas Poitou. Cette famille a toujours servy le Roy avec distinction ; deux oncles, de ceux dont nous parlons, dont l'un s'appelloit Le Marquis et l'autre Le Chevallier, sont morts de nos jours, Lieutenant Generaux des armées du Roy ; ce dernier etait Grand Croix de l'ordre Militaire de St Louis et commandoit en chef, tout le Corps des Carabiniers ; les nouvelles publiques ont assé annoncé leurs glorieux exploits militaires.

Corps des medecins. — Nous avons aussy dans cette ville, un corps de medecine, composé de trois docteurs en cette faculté, qui exercent leurs fonctions avec toute l'attention, la charité, le succes et le desinteressement possible. Ils ne mettent aucune difference entre le riche et le pauvre, ils prestent leur ministere au dernier comme au premier et par la rassemblent plus de merite que d'utilité. Aussy, cette science a-t-elle la charité pour principe.

Chirugiens. — Ils sont aidés dans ce penible mais louable exercice par les *Chirugiens* de cette vilie, au nombre de neuf, qui cultivent leur art et remplissent leurs fonctions a la satisfaction du public.

Apotiquaires. — Les *apotiquaires* sont au nombre de trois dont la fidelité et l'exactitude méritent les louanges de tous les honnestes gens.

Ces deux derniers corps sont etablis dans cette ville par lettres patentes bien et duement enregistrées au Parlement.

Privillegiés. — Les *Privillegiés* (¹) de la ville de Chatellerault si l'on exepte ceux qui le sont par leurs charges et dont nous avons cy devant parlé, se reduisent a deux officiers de Mesdames Dauphine et Duchesse de Berry et dans un garde de S. A. S. Monseigneur le Prince de Conty, et aux employés des Gabelles et des aides qui consistent sçavoir :

Gabelles. — Un *Controlleur General* des Gabelles et des *Traittes* (²),
Un *Inspecteur*,
Deux *Controlleurs* au depost ;
Une *Brigade* et un *Geollier* de leur prison.

Aides. — Un *Directeur et receveur* des Aides,
Deux *commis à cheval*,
Deux *Commis à pied* pour la ville,
Un *changeur* pour les monnoies, en titre d'office,
Un *Controlleur* des Exploits, actes de nottres et de tout ce qui regarde le domaine du Roy ;

(¹) Dans l'ancienne monarchie, les **Privilégiés** étaient nombreux.

Il y avait d'abord deux ordres privilégiés, le *clergé* et la *noblesse* ; puis un grand nombre de roturiers qui achetaient avec une charge de judicature ou de finance le privilège d'être exempts de tailles et d'autres impositions. — (*Chéruel. — Dictionnaire des Institutions de la France).*

(²) On appelait *traites* dans les anciennes Ordonnances, les droits que l'on prélevait sur les marchandises à l'entrée et à la sortie d'une province ou d'un royaume. — (*Chéruel. — Dictionnaire des Institutions de la France).*

Un *commissaire* des Poudres et Salpestre.

Population. — L'ordre des personnes, me conduit a entrer dans le detail qui m'est demandé sur tout ce qui concerne la Bourgeoisie et le Peuple.

On souhaite de sçavoir le denombrement, en differens tems et les causes présumés des differances. J'exposeray les faits, tels que je les ay puisé dans les registres publics et je communiqueray mes conjectures qui serviront seulement d'indication a d'autres meilleures. Les epoques qu'on a choisy sont les années 1736, 1700 et 1684, cette dernière a precedé la *Revocation l'Edit de Nantes* et est de concequence, dans ce temps, pour le pays qui etoit tout remply de religionnaires.

Il ne seroit pas impossible de trouver le nombre certain des habitans de la ville de Chatellerault, si chaque chef de famille vouloit se prester a une declaration juste; mais comme tout ce qui est nouveau, est suspect au Peuple, même ce qui luy est le plus avantageux, d'ailleurs ce nombre absolument certain, ne subsistant qu'un moment par sa variation continuelle qui arrive; on a cru qu'en prenant le nombre des fœux qui est certain, par les actes qui les contiennent, auxquels on donnera une evalluation raisonnable, on trouvera par la, le nombre morallement certain des habitans de cette ville, et c'est le party que j'ay pris.

Le nombre des fœux des cinq Paroisses de cette ville, contenue dans quatre rolles, Notre Dame et St Romain n'en faisant qu'un, montent pour l'année

<pre>
        1736. .   .   . a 1947,
  celuy de 1700. .   .   . a 1548,
  celuy de 1684. .   .   . a 1730.
</pre>

Ces fœux multipliés par cinq, par evaluation, sçavoir le père, la mère, trois enfans ou deux enfans et une domestique, c'est en verité en faire bon marché, attendu que le pays est tres prolifique ; montent :

pour 1736. . . . a 9735 personnes
pour 1700. . . . a 7440 id
pour 1684. . . . a 8650 id

Le nombre des habitans de 1684, n'etant point susceptible de reflexion et servant seulement de baze pour etablir celle des autres epoques, j'estime que si la ville de Chatellerault avoit resté dans l'etat auquel elle etoit en 1684, bien loing de sy estre trouvé de la diminution, en 1700, il y auroit eu une augmentation considerable, que cette diminution ne peut provenir que de la desertion de quantité d'habitans de la R. P. R. de lad. Ville, qui pour cause de la destruction de leur temple et de la cessation de l'exercice public de leur religion, se retirerent les uns a Geneve, les autres en Hollande chés les Princes Protestants d'Allemagne et le plus grand nombre en Angleterre ou ceux du petit nombre qu'il nous en reste, passent encore, quand ils peuvent s'échaper. Cette diminution fut si considerable qu'elle n'a pu se retablir en entier, pendant les 15 et 16 années qui se sont passés entre ces deux epoques. Une preuve qui etablit ces grandes desertions, est que les maisons se donnoient pour rien, lors qu'il y avoit permission de les vendre, que les plus belles etoient occupées, a titre d'un modique loyer, par des artisans ; ce qui n'est plus aujourdhuy, au contraire elles sont tres cheres.

Les années de disette, ont encore retardé le retablissement de ce vide nottamment l'année 1693 ; ou le bled fut tres cher. Le menu peuple, dans ces tems de Calamité se nourrit de mauvais allimens qui ne sont pas destinés pour l'homme et qui engendroient des maladies epidemiques qui emporte beaucoup de personnes.

Depuis l'an 1700 jusqu'en 1736, nous trouvons une

augmentation, qui non seulement remplit le vide qui se trouve entre 1684 et 1700, mais qui exede encore d'une neuvieme partie le nombre de 1684, qui etoit le plus fort des deux, ce qui auroit eté plus loing, sans la disette de 1709, qui se trouve entre deux, et qui fit perir plusieurs personnes de cette ville, de la même fasson qu'on l'a eprouvé pour 1693. Nous esperons que la misericorde de Dieu, nous preservera de pareils fleaux, et que les habitans de cette ville, vivant paisiblement a l'ombre des bontés et de la proteclion du Grand Magistrat qui gouverne cette Province, multipliront a l'infiny et donneront nombre de bons sujets au Roy.

L'année 1736, nous presente 304 baptemes dans les cinq paroisses de Ville : sçavoir : 153 maslés et 151 femelles, comtés avec soin et exactitude. Cette egalité est admirable, il semble que la nature humaine toujours attentive a la propagation de son espece, qui ne peut se faire que par le Concours des deux sexes, ait eu l'attention d'en former autant de l'un que de l'autre, ou plutost, nous devons admirer en cela, comme en toutes autres choses, les decrets de la Providence qui par cette egalité, donne une leçon, sur la continence et la fidélité conjugalle, que les deux sexes se doivent mutuellement, y ayant par la, un assortiment suffisant et complet entre l'un et l'autre. Il y a eu cette même année, 42 mariages et 108 morts.

L'année 1700 comprend 286 baptemes, sçavoir 145 maslés et 141 femelles, 79 mariages et 198 enterrements.

L'année 1684, nous donne 189 baptemes, sçavoir 92 maslés et 97 femelles, 63 mariages et 193 enterrements.

Je ne dois pas oublier qu'en faisant ces dépouillements, j'ay trouvé sur les mesmes registres, une seule abjuration d'hérésie, faite en 1736, dans la paroisse de St Jean Baptiste ; 26 en l'année 1700, dans les cinq paroisses, et

5 dans l'année 1684. Ce n'est rien en comparaison des abjurations qui se firent dans les années qui suivirent la Revocation de l'Edit de Nantes, surtout lorsque les dragons vinrent en cette ville ; elles se faisaient en foulle, comme je l'ay cy devant remarqué. Ces dernieres, quoy qu'en petite quantité, sont d'autant plus louables, qu'ils n'ont eu d'autres principes que la connaissance de la verité.

Un autre fait unique, que j'ay trouvé en feuilletant des registres, est que le nommé Pierre Desroches Lainé, se maria le 15e Jour de Janvier 1592, dans la paroisse de Chateauneuf, âgé de Cent ans. J'ay cherché avec soin sans l'avoir pu trouver, sy de ce mariage il etoit issu des enfans. On sert la Patrie de differentes fassons, une des meilleures est de la peupler de bons citoyens. Celuy cy a fait au moins un acte de bonne vollonté, s'il n'y a rien de plus. Ne meriteroit-il point, d'estre mis au rang des hommes illustres ou du moins des meilleurs citoyens (¹).

Les refflections que j'ai faites sur la difference du nombre des habitans sous les epoques cy dessus, influent sur celles des baptemes, mariages et morts, a cette seule difference qu'on trouve moins de baptemes en 1684, qu'en 1700, ce qui est contraire dans le nombre des habitans. La raison en est sensible, c'est qu'en 1684, on baptisoit encore au temple et que si les baptemes dont on na pu recouvrer les registres etoient joints a ceux de la Religion Catholi-

---

(¹) L'auteur se faisait de douces illusions ou bien il voulait rire, car il n'avait pas besoin de chercher s'il était issu des enfants de ce mariage, l'âge du sieur Desroches ne laissait aucun doute à cet égard à moins que sa femme ne fût jeune, et dans ce cas il ne mériterait pas pour cela une grande célébrité.   G. P.

que, que j'ai seulement raportés, ils exedroient assurement ceux de 1700 (1).

Domaines dependant des paroisses. — Le domaine de campagne qui fait partie des paroisses de la ville, et compris dans le même rolle, est si peu de chose qu'il mérite peu d'attention, cependant je le rapporteray.

La paroisse de *Notre Dame* et *St Romain* ne comprend que deux corps de metairie qui sur $L = 1100$ dont est la totallité de la taille, payent $L = 75$. Ces deux metairies sont à deux charrues chacune, et ne consistent qu'en terre labourable, partie a froment et partie a seigle.

La paroisse de *St Jean* a aussi deux corps de métairie, mais moins fortes que les precedentes, ils payent $L = 38$ sur $L = 2370$ dont est la totallité de la taille, leur terroir est le même que celuy cy dessus

La paroisse de *St Jacques*, ne comprend aucun domaine de campagne.

Là paroisse de *Chateauneuf*, comprend le faux bourg de ce nom et s'etend plus a la campagne que les paroisses de ville. Elle a dans son territoire quatre metairies a deux charrues, neuf a une charrue a bœufs et cinq charrues a bourriques, qui exploitent peu de terres, et un moulin. Tout ce dommaine est de moindre qualité que ceux cy dessus, etant pour la plus grande partie, des terres a seigles. La taille de la ditte paroisse est de $L = 2820$ sur laquelle somme lesdits domaines payent $L = 330$.

Marchands. — La ville de Chatellerault est pourvue de tous les Marchands necessaires, pour l'uzage et la consommation de ses habitans. Tels sont les Marchans de

---

(1) C'est à cet endroit que se trouvait la description de l'Epitaphe de *Jacques Berthelin* qui a été rapportée à la page 131. C. P.

dorure, de draps et de soye, de grosses etoffes pour le même peuple, de toilles, de toutes especes de mercerie, de Clincaillerie, d'episserie, tant en gros qu'en detail.

Arts et Métiers. — De tous les arts mécaniques qui peuvent luy estre nécessaire, j'en feray la numeration et je distingueray ceux qui ont des Lettres Patentes en reigle pour etablir la communauté, de ceux qui en ayant, ne les ont pas revestus des formalités necessaires : Et de ceux qui n'en ont point du tout. Je diray un mot de la debouche de leurs ouvrages.

Les *orpheuvres*, au nombre de huit, sont grossiers et mettent en œuvre ; ils *sont receus par Mrs de la Monnoye*. Ils travaillent proprement et fidellement. L'argent qu'ils employent est au titre porté par les reglements.

Les *orlogers* au nombre de neuf, font des montres de toutes especes, même a repetition. Ils *ont des statuts ap - prouvés par Lettres patentes, enregistrées au Parlement.* Ils envoyent leurs ouvrages a Paris, Bourdaux et autres lieux et les donnent a bas prix. Les Marchands bijoutiers qui passent, leur enlevent beaucoup.

Les *Perruquiers* ont des *Lettres par Edit* et sont au nombre de quinze.

Les *Sergers* au nombre de 60, font de grosses etoffes de la laisne du pays, quelques uns travaillent pour leur comte et vendent leurs ouvrages aux foires des environs et aux marchands detailleurs. Le plus grand nombre travaille pour ces premiers maistres ou pour les bourgeois. Ils *ont des statuts particuliers, approuvés par Lettres Pa- tentes enregistrées au Parlement, outre-les Reglements generaux.* Cette manufacture etoit tombée, il y a lieu d'esperer qu'elle se relevra, par le bon ordre qu'on y a mis depuis peu, en mettant les plombs de controlle entre les mains des marchands au lieu qu'ils estoient cy devant

en celles des fabriquans qui se controlloient eux mêmes
avec trop d'indulgence. L'authorité du Conseil a enfin
vincu les oppositions opiniatres et seditieuses des fabriquans, il seroit a souhaitter qu'une Police extraordinaire
telle qu'en celle cy tournat ses vues et ses soins du costé
des Boulangers et des Bouchers qui abusent certainement
de leurs metiers.

Les *Coutelliers*, au nombre de 120 maitres et beaucoup
plus de compagnons, *ont des Statuts particuliers approuvés et homologués au Parlement.* Ils font une grande
quantité d'ouvrages qu'ils envoyent a Paris et bon nombre
d'autres endroits, même a l'Etranger. Il faut convenir
qu'il y a du choix dans ce genre d'ouvrage, il y a des
maitres qui travaillent dans la derniere propreté et debi-
tent de bonnes marchandises; d'autres a la verité, se sont
un peu negligés tant sur la forme que sur la qualité. Ils
donnent leurs ouvrages a tres bas prix, et n'en trouvent
cependant pas le debit, en sorte qu'il y a quant a present,
beaucoup de pauvreté et de misere dans le corps (¹).

.(¹) Il est étonnant que Roffay ne parle pas de la façon dont
les couteliers vendaient leurs marchandises aux voyageurs
qui passaient à Châtellerault, coutume qui s'est conservée
jusqu'à l'époque actuelle

Abraham Golnitz dans son *Ulysses Belgico Gallicus*, publié
en 1631, dit en parlant de Châtellerault : « *On offre aux*
« *voyageurs, des petits couteaux, des ciseaux et autres produits*
« *de l'industrie locale, ou pour mieux dire, on les lui impose*
« *presque de force.* »

Il est plus que probable qu'en 1738, à l'époque où écrivait
Roffay, la vente des couteaux se pratiquait de la même façon.
Tous les voyageurs du XVIII° siècle, Arthur Uoung,
M°° Laroche, M°° Gauthier, etc., en parlent dans la relation
de leurs voyages. (Voir : *La Coutellerie depuis l'origine jusqu'à
nos jours, par Camille Page*).   C. P.

Les *Bouchers* au nombre de trente donnent d'assés bonne viande, ils *ont des Statuts particuliers approuvés par une Charte de Charles de Bourbon*. Ils sont dans le mauvois uzage de ne tuer des bœufs qu'une fois la semaine. Ce qui fait que pendant l'Eté on ne peut en manger la viande fraische ; la Police pourroit les engager a tuer au moins deux fois la semaine. Ils ont quelques pretendues raisons pour s'en dispenser, qui se reduisent cependant toutes a dire que la consommation n'est pas assés forte. Il est cependant vray que la consommation sans estre forte est suffisante pour cet arrangement, puisqu'ils tuent au moins douze bœufs par semaine, et qu'ils sont dans l'uzage de s'associer pour la distribution de leur viande. Il seroit a souhaiter que cette refllection pust faire ouvrir les yeux, sur un fait aussy important et si necessaire pour tous les habitans, mais principallement pour les mallades. La Police porte asses son attention sur les poids dont ils se servent ; ce sont des crochets ; Cet instrument fait sur la reigle du levier, peut estre juste, mais il est susceptible de beaucoup de fraude, soit dans la construction soit dans la maniere de s'en servir ; il seroit necessaire qu'on les obligeast a se servir de ballances et de poids marqués.

Les *Chapeliers* au nombre de vingt exploitent la laine du pays et quelque laine du Berry ; ils font des chapeaux pour les artisans et les gens de campagne. Ils *ont des Statuts non homologués.*

Les *Menuisiers* au nombre de vingt, travaillent asses proprement et font de bons ouvrages. Peu travaillent pour leur compte, les autres exploittent le bois du bourgeois. Ils *ont des Statuts non homologués.*

Les *marechaux* sont au nombre de quinze et se divisent en deux branches, les *marechaux ferrans* et ceux *en œu-*

vre blanche, qui font les instruments servant au labourage et au jardinage. *Leurs Statuts ne sont pas homologués.*

Les *Cordonniers* sont au nombre de trente, ils travaillent seulement pour les gens du pays et ne font aucun commerce. *Leurs Statuts ne sont pas homologués.*

Les *Boullangers* sont en pareil nombre de trente : la Police sur le pain n'est pas egalle dans toutes les villes ; a Poitiers elle s'etend sur le poids et la qualité du pain, et laisse la liberté aux boullangers de le vendre ce qu'ils veulent. A Chatellerault, outre les mêmes droits, la police reigle encore le prix du pain qu'elle evalue sur la valeur du bled.

Les *Taneurs* sont au nombre de quinze, il y en avoit anciennement davantage qu'ils ne sont aujourdhuy.

Ce Commerce paroist commencer a s'augmenter. Ils mettent en œuvre non seulement les peaux des bestes qui se tuent a Chatellerault, mais encore celles de plusieurs autres endroits, de Poitiers même. Cette manufacture a de la reputation, on pretend que les eaux y ont bonne part. La main et les soins me paroissent les causes principalles de la bonté de cette marchandise, laquelle apres estre façonnée, s'envoye en differents endroits, mais particulierement a Bourdaux.

Les *Maçons, Charpentiers* et *Recouvreurs* sont au nombre de plus de Cent, il y en a quelqu'uns qui travaillent bien, mais en petite quantité, encore par routine, ny en ayant aucun qui ait la moindre théorie. Le reste ne consiste qu'en *tailleurs de pierre* et manœuvre dans les trois qualitées cy dessus (¹).

(¹) Les maçons, charpentiers, recouvreurs, n'ont ny statuts ny maitrise, de même que tous les corps de métiers qui suivent. — *Note de Roffay.*

Les *Tisserants* sont plus de soixante. Ils font de tres bonne toille de lin et de chanvre, pour la consommation du pays. Il s'en fait même un petit commerce, ce n'est pas par le canal des ouvriers ; ils travaillent le fil des habitans et de quelques marchands qui en font le commerce, que j'ay dit, mais qui est de peu de concequence ; ce genre d'artisans est tres pauvre.

Les *Cardeurs de laine* et *tireurs d'etein* sont au nombre de trente. Ils travaillent pour les particuliers dont ils exploitent la laine et nottamment pour les sergers, quelques uns, mais en petit nombre, travaillent pour leur compte.

Les *Tailleurs d'habits* sont au nombre de sept, un *tailleur pour femmes* (¹).

Les *Serruriers* au nombre de dix.

Les *Vitriers* au nombre de quatre.

Les *Chandeliers* au nombre de quatre, travaillent tous pour leur comte et font un petit commerce raisonnable.

Il y a encore dans cette ville, plusieurs especes d'artisans, sur le comte desquels il n'a a aucunes observations á faire, tels sont les Charrons, Sabotiers, Galochiers, Cordiers, Epingliers, Teinturiers, Corroyeurs, Megiciers, Boureliers, Guesniers, Potiers d'Etein, Huilliers, Cordiers, Cribiliers, Tonneliers, Ciergiers, Fourbisseurs d'epées, Poilliers, Crochetiers, Scillotiers, Gantiers, Tapissiers, Boiceliers, Fereblanquiers, Patissiers, Cuisiniers, Jardiniers, Arquebusiers, Chaudronniers, Tondeurs, inutillement feroit on l'enumeration des auberges, il y en a quantité et de tres bonnes.

(¹) Les couturiers, si en vogue aujourd'hui, ne sont pas une nouveauté puisque les tailleurs pour femmes existaient déjà au XVIII⁰ siècle.   **C. P.**

Foires. — Il y a quatre *foires Royalles* dans l'année en cette ville, sçavoir :

Une a la *mi careme*,

Une le *premier jour de may*,

Une a la *Saint Jean*

Et la dernière a la *Saint Michel*.

Il y vient peu de marchands forains, aussy elles sont peu considerables.

On a depuis peu formé une nouvelle Place par l'eboulement d'une piece de fortification qui couvrait une courtine de la ville, qu'on appelle la *Place de Blossac*, du nom de Monsieur l'Intendant. Ce lieu parut commode pour y mettre des bestiaux, on fit publier tant dans la Ville que dans les paroisses voisines, qu'a commenser le jeudy suivant, qui par hazard fut un jour de foire et se trouva le 1er jeudy du mois, le marché aux bestiaux y tiendroit.

Les gens de la campagne ont inferé de la, qu'il y auroit foire dans cet endroit, *tous les 1ers jeudi de chaque mois* et en concequence s'y rendent avec une tres grande quantité de bestiaux. Quelques seigneurs qui ont des foires pretendent que cela leur fait tort, et se proposent de nous en faire question. Comme nous sommes en regle, nous les attendons sans inquietudes et cependant le public jouit de son erreur, dans laquelle nous n'avons aucune part.

Marchés. — Il y a trois marchés par semaine, les *mardy, jeudy* et *samedi*, ou les gens de la campagne viennent vendre leurs denrées et achetent celles dont ils ont besoin. Il ne sy fait peint d'enlevement pour l'Etranger et ne sont frequentés que par les gens du pays.

Commerce. — J'ay dit ailleurs, qu'il se faisoit peu de commerce dans la ville de Chatellerault, il sy en faisoit encore moins autresfois, qu'il ne sy en fait aujourdhuy. Les marchands de cette ville, se contentoient precedemment d'estre les commissionnaires de ceux de Paris, Orleans et d'autres grandes villes, qui a cause de la commodité et des communications de la riviere que j'ay raporté, leur adressoient les marchandises qu'ils tiroient de Bourdaux, de La Rochelle, et nottamment, les Eaux de vie de Cognac et de toute la Saintonge, qui arrivent a Chatellerault par charroy, ainsy que toutes les autres marchandises, pour estre envoyées au lieu de leur destination par la riviere de Vienne.

Ils se contentaient d'un petit proffit, certain a la verité, qu'ils appelloient droits de commission, mais qui ne faisoit point de fortune, et qui meritoit plustot le nom de Gage, que celuy de Proffit de Commerce.

Un certain petit nombre de jeunes negotiants de cette ville, qui en ont connu l'abus, ont rompu la glace et ont eux-mesmes entrepris le commerce pour leur comte. Ils achettent a leurs risques et fortunes les mesmes marchandises, dont leurs autheurs n'etoient que les commissionnaires, et les revendent a ceux desquels ils n'etoient pour ainsy dire, que les facteurs. Il y a même entre eux une emulation, qui fait fleurir le commerce et l'augmante.

L'Eau de vie fait une partie du commerce, mais elle ne fait pas tout. Les *bleds* lorsque le commerce en est permis, y entrent pour beaucoup. Ce|n'est pas precisement le bled du pays, il ny en a pas une assés grande quantité pour cela, mais c'est celuy de nos voisins, qui n'ayant pas la même commodité nous l'envoyent ou souffrent que nous l'allions chercher chés eux. Il a cependant quelques grosses terres, qui par leur dixme et terrages, rassemblent une quantité de bled assés raisonnable ; mais cela ne seroit pas capable de soutenir ce commerce. Il s'y fait aussy commerce d'huille, de toutes especes de savon, de toutes sortes d'episses, de fer et d'acier, qu'ils tirent de la premiere main, et qu'ils debitent quelquefois a Poitiers, ordinairement dans les extrémités du Berry, de la Touraine et de l'Anjou, comme Le Blanc, Lahaye, Chauvigny, Preuilly, et autres petites villes. Il sy fait aussy un petit commerce de toilles, ainsy qu'on l'a observé, a l'article des tisserants ; il y a lieu d'esperer qu'il s'etendra sur d'autres objets, par la protection que Monsieur Le Nain, Intendant de cette province, donne a ceux qui le font avec honneur, et toujours dans la vue, comme dans toutes ces autres actions, de procurer l'abondance aux habitans de la province, qui est confiée a ses soins.

Je ne dois pas obmettre un autre genre de commerce qui se fait dans cette ville, dont l'exploitation est toute gracieuse, c'est le *blanchissage des cires*, dont j'entens parler. Il y a sept blanchiries qui exploitent cent milliers de cire par an ou environ, les marchands la tirent toute jaune du Limousin, du Berry et quelque peu de Niort. Cette derniere est la moins bonne, ils vendent leurs cires a Paris, ou elles se transportent commodement par eau (1).

Pavage. — Les rues de la ville et des fauxbourgs ont eté pavés a neuf cette année 1738, sans aucune exception, elles en avoient tres grand besoin. Le temps nous dira si l'ouvrage est bon.

Impositions. — Je dois aussy raporter l'etat des sommes que la ville paye au Roy, par nature d'impositions, pour l'année presente 1738.

---

(1) Ici se trouvait une description du *Pont d'Estrées*, qui a été reportée à l'article *Monuments*, à la suite du *Pont Henry IV*, page 106.　　　　　C. P.

1738 { Taille . . . L. 8420.
Capitation . — 4996.2.6 } L = 14821.2.6
Fourage . . — 1405.

1736 { Ustancille . L. 2499.
Dixieme . . — 5856. } L = 8355.

Produit des Aides,
années communes . L. 16000. .
Formules . . . . — 3200.
Inspection sur les vins
  et Eaux de vie . . — 9400.   } L = 40200.
Inspections de boucherie — 1200.
Courtiers Jaugeurs . — 10400.

Controlle des actes, insinuations
100e denier, Petit sel et
  4 sols pr livres . . L. 7796.19
Controlle des Exploits
  sols et 6 deniers
  d'augmentation . . — 1951. 4
Greffes Regis et 2 sols.   } L = 12688.16.
  pr livre . . . . — 1130. 5
Greffes des consuls
  affermés . . . — 1050.
Droits reservés . . — 760. 8

Anciens droits, 4 sols
  pr livre et triple en
  sus . . . . . L. 1091. 8   } L = 2869.13.
Amortissement et
  francs fiefs, 2 sols
  pr livre . . . . — 1778. 5

L = 78934^l 11^s 6^d

Forest. — Quoyque je me sois proposé seulement de traitter ce qui regarde la ville de Chatelleraullt, je ne puis me dispencer de dire un mot, d'un accompagnement tres gracieux qu'elle a. C'est la forest qui porte son nom, laquelle est precisement dans ses portes, et si pres qu'on peut y aller a pied, se promener. Cette forest contient deux mil deux cent arpens, le terrain en est plan et sablonneux, de façon que l'on y est a pied sec, en tous tems. Le bois y croist a merveille, mais malheureusement, il y a 900 arpens (¹) de terres en brandes et bruyeres qui sont presques inutiles. Il y avait autrefois 400 arpens de bois futais qui furent coupés, il y a environ 80 ans (²), sur lesquels sont venus des baliveaux qu'on coupe par coupes reglées de quatre arpens, chaque année pour le comte du Roy, Le reste de la forest, qui est bois taillis et parties de brandes et bruyeres, appartiennent au Seigneur Engagiste, depuis l'année 1726, on a coupé dix arpens de balivaux, tous les ans. Le prix des six excedant les quatre de l'ordinaire, devoit estre employé a replanter ou a semer, lesd. parties de la forest, qui sont en brandes et bruyeres. Ce qui n'a pas encore eu un commencecement d'execution.

Le *Gibier* y est exellent, surtout les lapins qui y ont un fumet exquis et tres fin ; on y peut chasser en toute saison.

(¹ L'*arpent* était une mesure agraire qui variait d'une province à l'autre. L'arpent Royal des Eaux et Forest valait 5.107 mètres. **C. P.**

(²). Ce fut en 1659 que l'exploitation en fut achevée. — *Note de Roffay*

Pesche. — Je n'ay rien dit de la pesche des rivieres aussy n'est elle pas abondante mais le peu qu'elle donne est tres bon (¹).

<hr>

(¹) **A** la suite se trouvait une sorte d'épilogue qui sera mieux placé à la fin de ces mémoires.

Etat territorial & financier

du Duché de Chatellerault

Lorsque j'ay raporté l'Erection de la Vicomté de Chatellerault en Duché Pairie, j'ay cru pour ne pas interrompre le cours de l'histoire, devoir remettre a un autre lieu, le détail des Chatelenies qui la composent, des fiefs qui en relevent ; sous quels titres et a quels devoirs ; ses revenus et ses charges. Je placeray donc ce detail icy, comme un hors d'œuvre, qui m'a cependant paru meriter quelque attention.

Chatelenies. — La duché Pairie de Chatellerault est composée de quatre Chatelenies Royalles ; sçavoir :

> *Puymeillerou*
> *St Remy*
> *Bonnilmatours*
> et *Gironde* (¹).

(¹) La châtellenie de *Puymeillerou* et l'ancien prieuré de ce nom se trouvaient dans la paroisse de Dangé. En 1563, d'après

Ces quatre Chatelenies forment le Siege Royale de Chatellerault, et n'ont aucuns autres officiers pour la Juridiction contentieuse que ceux dudit Siege Royal.

Fiefs. — Il y a des marquisats, baronnies, comtez, Chatellenies, haute, moyenne et basse Justice, et autres simples fiefs qui relevent de lad. Duché Pairie, et qui ressortissent au Siege Royal et Senechaussée de Chatellerault, je les raporteray cy dessous, par ordre alphabétique, avec le nom des paroisses ou ils sont sittués, pour plus grande commodité et avec leurs qualifications et devoirs (¹).

---

l'évaluation des revenus du Duché de Châtellerault, sa forêt con'enait 490 arpents de bois de haute futaie.

La châtellenie de *Saint Remy sur Creuse*, qui dépendait du Duché de Châtellerault, se trouve dans le canton de Dangé. Le château que Richard Cœur de Lion, comte de Poitou, avait fait fortifier, fut pris et détruit par Philippe Auguste. Hugues de Surgères, vicomte de Châtellerault, s'empara de ce bien peu de temps après

La châtellenie de *Bonneuil-Matours*, située au bord de la Vienne, dans le canton de Vouneuil, était unie au Duché de Châtellerault. Le four banal de Bonneuil-Matours constituait un fief relevant de ce Duché.

La châtellenie de *Gironde* se trouvait dans la paroisse de Saint-Genest, et la forêt qui en dépendait avait 102 hectares. C'est près de ce château qu'était situé le couvent de *L'Encloistre en Gironde* qui a donné naissance au bourg de Lencloître, lequel a été érigé en commune le 4 décembre 1822. — (*Rédet. — Dictionnaire Topographique du département de la Vienne*).

(¹) De l'explication donnée à la page 46, au sujet de ce que l'on entendait par *fief*, il résulte que tout possesseur de

A

Allogny qui fut a Pasquier a hommage plein (¹), et 20 ˢ a mutation de Seigneur.

Allogny hommage plein, et 20 ˢ a mutation de Seigneur (Ce sont deux fiefs sous le même nom).

Aurigny Latouche baronnie hommage lige 20 ᴸ aux loyaux aides (²).

Abin, hommage lige et 15 ᴸ aux loyaux aides.

---

fief était un vassal tenu à certaines obligations envers le suzerain dont le dit fief relevait.

La reconnaissance de ces obligations était renouvelée à certaines époques, c'est ce que l'on appelait faire *aveu*.

Par cet aveu, le vassal, lorsque le fief était tenu noblement et avait une certaine importance, avouait devoir à son suzerain *foy* (fidélité) et *hommage*, et souvent aussi une redevance payable, généralement lorsque son seigneur changeait (*à mutation de seigneur*) et si le fief était tenu roturièrement et de peu de valeur, le possesseur dudit fief se bornait à payer annuellement un *devoir* (petite somme d'argent)   C. P.

(¹) Il y avait deux sortes d'hommages : *l'hommage plein* et *l'hommage lige.*

« Celui qui fait hommage lige doit jurer fidélité sur le livre
« touché de la main et si le dit hommage est plein, il suffit
« de jurer la fidélité sans le livre. » *(Coutume du Poitou, art.* XCIII).

(²) Le vassal qui tient ainsi son fief doit faire à son seigneur les *loyaux aydes* :

1° Quand il est fait chevalier,

2° Quand il marie sa fille ainée,

3° Quand il fait le voyage d'outre-mer,

4° Quand étant pris des ennemis de ce royaume, il paye sa rançon.

Au cas où ledit seigneur serait homme d'Eglise, les dits loyaux aydes lui doivent être payés quand il entre en son bénéfice et non en autre cas. (*Coutume du Poitou, art. CLXXXVIII*).

B

Beaudiment, hommage lige et 30 ˢ aux loyaux aydes.

Beaumont, hommage lige et 12 ᴸ aux loyaux aides.

La *Besdonnière*, hommage lige et 20 ˢ au tiers an.

La *Bertonnalière*, hommage lige et 5 ˢ aux loyaux aides.

Le *Bornais*, hommage lige et 60 ˢ aux loyaux aides, re-lève de Monthoiron, a ce que pretend le seigneur.

La *Boulinière* . . . .

Bourneuil alias, Cherberger, hommage lige et 60 ˢ aux loyaux aides.

Les *Bordes*, hommage lige et 60 ˢ aux loyaux aides.

Boisdansenne, hommage lige et 5 ˢ chacun an a la chandeleur.

Fief de *Bours*, hommage lige et 60 ˢ aux loyaux aides.

La *Brosse*, hommage lige, 7 ˢ au tiers an et 20 ˢ aux loyaux aides.

La *Boissière*, hommage plein et 5 ˢ aux loyaux aides.

Bagnoux, une paire d'eperons dorés du prix de 25 ₁, a mutation de seigneur, sans foy et hommage ny autres devoirs.

C

Cenon, hommage plein de tiers en tiers an (de trois en trois ans) et 10 ˢ aux loyaux aides.

Charlé, hommage lige, 20 ˢ a mutation de Seigneur et d'homme et 40 ˢ aux loyaux aides.

Le fief du *Chapitre de Notre Dame*, hommage lige.

Le *Chastellier*, hommage lige et 7 ᴸ aux loyaux aides.

Chair de Chien, hommage lige 5 ˢ au tiers an (a la 3ᵉ année).

Chesne, hommage lige 6 ᴸ 5 ˢ a mutation de Seigneur et 6 ᴸ 5 ˢ aux loyaux aides.

Clervaux marquisat, hommage lige et 30 ᴸ aux loyaux aides.

Coulombiers chatelenie, hommage lige et 12 ᴸ aux loyaux aides.

La *Coudre*, hommage lige et 4 ᴸ livres aux loyaux aides.

Cremault alias les Arables, hommage lige au devoir de 40 jours et 40 nuits de services a ses depens.

Chapelle de St Maurice de Puymeillerou a franche aumosne (¹).

Cure de Chenevelle a franche aumosne.

Cure de la Chapelle Roux a franche ausmone.

Cure de Leugny sur Creuse, au devoir de trois mailles.

Cure de Saint Remy au devoir de 2 ˢ.

Cure de Naintré au devoir de 6 ᵈ.

Commanderie de la Riviere en St Remy 2 ˢ.

D

Dixme de Piollant et terrage, hommage lige 3 ᴸ au neuvieme an.

Dercé a deux hommages liges, 3 ᴸ par chacun an et aux loyaux aides.

Dixme Dubois en Dangé, hommage lige et 3 ᴸ par chacun an.

Dixme aux Valletz de Naintré, hommage lige et 20 ˢ aux loyaux aides.

Grande Dixme de Montgamer a Mʳˢ de Saint Pierre de Poitiers, hommage plein et 50 ˢ a mutation de Seigneur par mort.

(¹) *Franche aumosne* voulait dire *ne rien payer*, c'était la coutume des gens d'Eglise.　　　　　G. P.

Dixme d'Ambierre en partie, hommage lige, 50 s aux loyaux aides (1).

F

La *Flotte*, hommage lige et 60 s a mutation de Seigneur et d'homme.

La *Foucaudiere*, commanderie de St Antoine, hommage lige et 50 s aux loyaux aides.

Le Commandeur pour son fief de Remillé, hommage lige et 4 L aux loyaux aides.

La *Forest*, hommage lige, 20 s aux loyaux aides, 30 s et 12 chapons par an.

Forge, hommage lige, sans declaration de devoirs.

Four a ban de Bonneilmatours, hommage lige et un epieu de chasse garny de houppe a mutation de Seigneur et d'homme et 20 s aux loyaux aides.

Frissange, hommage lige au devoir d'un gand blanc du prix de 12 s a mutation de Seigneur.

G

Grand Vau, hommage lige, 20 s aux loyaux aides.

La *Girouardiere*, hommage lige et 20 s aux loyaux aides.

La *Groye*, nouvellement erigée en marquisat, hommage lige et 20 L aux loyaux aides.

La *Guillotiere* dans Launix, hommage Lige et un hu- aume burny de Mortemoin a mutation de Seigneur.

---

(1) La *dixme* était une certaine partie des fruits de la terre, ordinairement la dixième partie, que l'on payait à l'Eglise ou aux seigneure. — (*Chéruel — Dictionnaire des Institutions de la France*).

L'Isle *Gandouard*.

Le fief de *Guillaume Lecoindre*, autrement dit la Jarie, hommage lige et 4 ˢ aux loyaux aides.

H

Le fief de *Hugues Barrault*, hommage plein, 5 ˢ aux loyaux aides.

I

Le fief de *Jean Daunay*, hommage lige, 65 ˢ aux loyaux aides.

L

Les *Latereaux* pres Piollant, hommage lige, 7 ˢ aux loyaux aides.

Lacour, hommage lige et 20 ˢ aux loyaux aides.

Les Aubus dans Antoigné, hommage plein.

Les *Loges*, hommage lige et 20 ᴸ 10 ˢ aux loyaux aides.

Le Verger, hommage lige, 5 ˢ au tiers an et 40 ˢ aux loyaux aides.

Lespinasse, hommage plein, 24 ˢ chacun an, 10 ˢ a mutation de Seigneur et 10 ˢ aux loyaux aides.

Les Vaux, hommage lige et 20 ˢ aux loyaux aides.

La Vau, hommage lige sans declaration de devoir.

Lisabois ou Chesnault a Saleine, hommage plein, 10 ˢ aux loyaux aides.

M

Marconnay releve de Monthoiron.

Marigny pres Marmande, hommage lige et un eperon doré a mutation de Seigneur et 15 ˢ aux loyaux aides.

Marigny qui fut a de la Touche, hommage lige et 20 ^{s} a mutation de Seigneur et d'homme et 20 ^{s} aux loyaux aides.

Maulcon, hommage lige et 50 ^{s} aux loyaux aides.

Les *Mées*, hommage lige et 10 ^{s} aux loyaux aides.

Mauvoisin, hommage lige, 20 ^{s} aux loyaux aides, 5 ^{L} au neuviesme an payable en trois termes.

Fief aux *Marins*, hommage simple, sans declaration de devoir.

La *Martiniere*.

Monthoiron, chatelenie qui fut a Turpin, hommage lige et 12 ^{L} aux loyaux aides.

La *Mothe d'Usseau*, hommage lige et 12 ^{L} aux loyaux aides.

Mousseaux, hommage lige, le tiers d'un roussin de service, du prix de 60 ^{s} a mutation de Seigneur, et la tierce partie de 30 ^{s} aux loyaux aides.

N

Neuville, hommage lige et 60 ^{L} aux loyaux aides.

Fief de *Notre Dame* en franche aumosne.

O

Les *Ormes Sᵗ-Martin*, baronnie hommage lige et 50 ^{s} aux loyaux aides.

P

La *Plante*, hommage lige, 15 ^{s} 6 ^{d} par chacun an et 20 ^{s} aux loyaux aides.

La *Pleigne*.

Le *Plessis Bosnay*, hommage lige et 12 s aux loyaux aides.

Piollant, hommage lige et 6 ᴸ aux loyaux aides.|

La *Petite Vau*, hommage lige, 20 s aux loyaux aides.

La *Parlottiere*, hommage plein et 10 s aux loyaux aides.

Pouzioux, hommage lige et 60 s aux loyaux aides.

Puygarreau, hommage lige et 35 s aux loyaux aides.

Perrot Berger, hommage lige, 5 s a mutation de seigneur.

Puygascher.

Puy de Naintré, hommage plein, un cheval de service de 60 s au neuviesme an.

Pouligny en Dangé, hommage lige, 25 s aux loyaux aides.

Prieuré de Saint Romain, en ville, en franche aumosne, doit cependant un cierge, toutes les fois que le seigneur est en ville le jour de la Purification.

Prieuré de Saint Romain sur Vienne.

Prieuré de S Jacques*, en Franche aumosne.

Prieuré de S Genest d'Ambierre*, en franche aumosne.

Prieuré de S Denis en Vaux*, en franche aumosne.

Prieuré de S Martin*, en franche aumosne.

Prieuré de Poulombiers, en franche aumosne.

Prieuré de Fontmore, en franche aumosne,

Prieuré de Rive, au devoir abonné de 5 s chacun an et 5 s pour les abordages de Creuse qui sont pres led. Prieuré.

Poussardiere et Bourdonnière, hommage simple au devoir de 2 s 7 d de trois ans en trois ans et 2 s 7 d aux loyaux aides.

Le Grand *Pouillé*, hommage lige, une paire d'eperons dorés a mutation de Seigneur.

Pellegrolles.

R

Remeneuil, hommage lige et 5 ˢ a mutation de Seigneur.

Remilly Prieuré, hommage lige et 40 ˢ aux loyaux aides.

Rimbertiere, hommage lige et 5 ˢ a mouvance (mutation) de seigneurs et d'homme.

La *Ronde*, hommage lige, 20 ˢ aux loyaux aides et 60 ˢ au neuviesme an.

La *Roche sur Usseau*,

Rente de ʟ = 800 a prendre sur le Duché.

S

La *Salle aux Chauvins* en Senillé, hommage plein 10 ˢ aux loyaux aides et 10 ˢ a mutation de Seigneur et d'homme.

Salvert.

Le *Savignier*, hommage lige et 5 ˢ aux loyaux aides.

T

Thuré baronnie, hommage lige et 12 ˢ aux loyaux aides.

Thargé, hommage plein et une maille d'or non apretée a mutation d'homme.

Tarné, hommage lige, 18 ˡ aux loyaux aides et 25 ˢ de devoir annuel.

Toizé les Granges en Sᵗ Remy, hommage plein au devoir de 5 ˢ a mutation de Seigneur et d'homme.

La *Tour de Naintré*, alias, la *Tour Levrault*, hommage lige et 60 ˢ aux loyaux aides.

La *Tour de Pouillé* ou *Petit Pouillé*, hommage lige et 7 ˢ aux loyaux aides.

La *Tour Bosnay*, hommage lige et 50 ˢ aux loyaux aides.

La *Tour Savary*, hommage lige et 60 ˢ aux loyaux aides.

La *Tour Girard*, hommage lige et 25 ˢ chacun an.

La *Tour de Sossay*, hommage lige, 4 ˡ aux loyaux aides.

La *Tour de Jardre* a Mʳˢ de Sᵗ Pierre de Poitiers, hommage lige et une maille d'or.

La *Tour aux Poupaux* a Senillé, hommage lige et 10 ˢ a mutation de Seigneur.

La *Tour Balan*, hommage plein, 10 ˢ a mutation de Seigneur et d'homme et 2 ˢ 6 ᵈ aux loyaux aides.

Tour de Beaumont.

Tricon, hommage lige et 20 ˡ 12 ˢ aux loyaux aides.

V

Vigerie de Poitiers dont ne jouit point.

Tous les quels fiefs sont sujets aux droits de rachapt lorsqu'ils tombent en main de femme, suivant la coutume locale.

Revenus. — Le revenu de la Duché Pairie de Chatellerault consiste en *trois metairies* qui sont autour de la forest, sçavoir : *La Berlandière, Nonnes* et *Nerpuy;* les *couppes des taillis* qui se font annuellement dans lad. forest ; les *Moullins bannaux* (¹) et droits de chasse des autres meusniers de la Campagne.

---

(1) On appelait *banal*, un lieu public établi par le seigneur, où l'on était obligé de faire moudre la farine et cuire le pain ; de là les *moulins banaux* et les *fours banaux*. — (*Cheruel — Dictionnaire des institutions de la France*).

Dans la ville, la Prevosté et tous ses droits de Peage, Plassage, Boucherie, Minage (¹), Poids des Marchands ; le Langayage (²), le Pontenage (³). Le Greffe en chef de la Juridiction ordinaire, civil et criminel, celuy des Eaux et Forest, des affirmations et controlle des depends, les confiscations et amandes, deux fours bannaux, le droit de tirer des meules dans la forest de Mouliere dont le fonds et la superficie sont du Comté de Poitou, et le tres fond qui consiste en ce droit, est du duché de Chatellerault et dans lequel on a été maintenu aux dernieres reformations de forest, les droits de pesches dans les rivieres de la Vienne et du Clain.

Les présentations a plusieurs des benefices (⁴) dont on a

(¹) Le droit de *Minage* était perçu par les seigneurs pour le mesurage d'une *mine* ou *minot* de blé. (La mine était une mesure employée pour les grains, le sel et le charbon ; elle variait d'une province à l'autre et suivant les marcha dises). Celle de Paris pour le blé valait environ 78 litres. — (*Dezobry et Bachelet. — Dictionnaire d'histoire et de géographie*).

On donnait aussi le nom de *minage* aux halles où l'on déposait les denrées et où on les mesurait. On disait le *minage au blé*, le *minage aux noix*.   C. P.

(²) Le *Languayage* était un droit perçu pour faire examiner par des officiers publics appelés *languayeurs*, la langue d s porcs afin de s'assurer qu'ils n'avaient pas la lèpre Lorsqu'ils trouvaient un cochon ladre, ils le marquaient à l'oreille. — (*Chéruel. — Dictionnaire des Institutions de la France*)

(³) Le *Pontenage*, que l'on payait aux seigneurs féodaux, était un droit pour le passage des ponts. — (*Dezobry et Bachelet — Dictionnaire d'histoire et de géographie*).

(⁴) Dans la langue du Moyen-Age, on donnait le nom de *bénéfices* aux terres données par les rois ou chefs de guerre à

parlé, la nomination a tous les offices de la senechaussée, et de la Maîtrise des Eaux et Forest.

La paisson et glandée dans lad. forest, les pacages de Corbery et les arrantements de la forest de St Remy, terres, couppes et garenne de Puymeillerou, les *lods* et *ventes* (1) de tout ce qui releve du Duché, les rachapts de ce qui est tenu en fiefs, lorsqu'ils tombent en main de femme et les *cens* (2) et rentes, tant en argent qu'en bled de diverses natures, poulles et chapons, qui son dubs en ville, a la campagne, et dans les quatres principales Chatelenies cy dessus nommés.

---

leurs *Leudes* ou compagnons d'armes, en récompenses de leurs services. Le possesseur de bénéfice était astreint au service militaire et à des redevances en argent ou en nature. La terre bénéficiaire, d'abord amovible et concédée temporairement, devint bientôt viagère, puis héréditaire par suite de la *prescription trentenaire* accordée par Clothaire Ier, qui assurait la possession à ceux qui occupaient leurs bénéfices depuis 30 ans.

Dans la langue de l'Eglise, ce mot de *bénéfices* a désigné un archevêché, un évêché, une cure, un canonicat, un diaconat, une prébende. — (*Dezobry et Bachelet. — Dictionnaire d'histoire et de géographie*).

(1) On désignait sous le nom de *lods et ventes*, un droit que l'on payait à la vente d'un héritage censier, c'est-à-dire où le seigneur avait le droit de percevoir le cens. — (*Chéruel. — Dictionnaire des Institutions de la France*).

(2) Le *cens* était un impôt que l'on payait au roi ou au seigneur, pour une terre que l'on tenait de l'un d'eux. Il s'appliquait ordinairement à un bénéfice d'ordre inférieur tenu par des personnes plus ou moins engagées dans la servitude et chargé de redevances et de services connus sous le nom de corvées. — (*Chéruel. — Dictionnaire des Institutions de la France*).

Charges. — Les charges sont en bled et en argent. mais pour mieux connoistre a quoy elles peuvent monter, il faut remarquer que le septier est de 16 boisseaux (¹) et que le boisseau de froment peze de 29 a 30 livres, et les autres a proportion.

Les fermiers sont ordinairement chargés d'acquitter celles en bled qui consistent, sçavoir :

Froment. — Au chapitre de l'Eglise Notre Dame de Chatellerault . . . . 42 septiers

Aux Religieuses de la Puye	2	—	1/2
A l'abbaye de Bois Aubry	1	—	1/2
Au Prieuré de St Jacques	2	—	1/2
Au Curé de Châteauneuf.	0	—	1/2
Au Concierge du Chateau pour faire le pain beny une fois l'an à Notre Dame	2 boisseaux		
Mouture. — auxd, Srs du Chapitre .	6 septiers		
A l'abbaye de Bois Aubry	1	—	1/2
Au Prieuré de St Jacques	1	—	»
Seigle. — Aux Religieuses de la Puye.	2	—	»
Baillarge. — Auxd. Religieuses . .	2	—	»

Charges en argent

Au même Chapitre de Notre Dame pour plusieurs dons, légats, aumosnes et fandations.	337ᴸ	4ˢ	
Au Chapitre de St Pierre de Poitiers. .	2 - »		
Au sacristain de cette Eglise	4 - »		
Au Prieur de St Jacques	5 - »		
Aux Religieuses de L'Encloistre . . .	17 -10ˢ		
Aux Religieuses de la Puye	3 -10ˢ		
Au Curé de St Romain	» - »	6ᴸ	
	369ᴸ	4ˢ	6ᵈ

(¹) Le *boisseau* de Châtellerault était de la contenance d'un double décalitre.

Les autres charges en argent, comme gages d'officiers et autres, sont payés ainsy que celles cy dessus, par le Domaine du Roy, depuis l'Edit du mois de. . . . . . par lequel le Roy fit financer tous les Engagistes, pour les decharger du payement desd. Charges, en concequence duquel, M. le Duc de la Trimouille, paya au Roy une somme de L = 16000, au moyen de laquelle il fut déchargé du payement des charges dont la plus grande partie, fut reduitte a moitié, suivant l'etat cy dessous, scavoir :

	Anciens gages	Réductions
Au Senechal	200 L	100 L
Au Lieutenant Général . . .	40 -	20 -
A l'avocat du Roy	8 -	4 -
Au Procureur du Roy . . .	20 -	10 -
Au Capitaine du Chateau . .	100 -	50 -
A l'Agent du Duché . . .	100 -	100 -
Au Concierge du Château . .	20 -	10 -
Au Chapelain des prisons . .	60 -	60 -
Au Concierge des prisons . .	3 -	1 10 s
Au Receveur Général des Domaines a Poitiers . . .	60 -	60 -
Au Maitre Particulier des Eaux et Forest	40 -	20 -
Au Garde de la Forest . . .	160 -	160 -
Au Controlleur de la Forest .	40 -	20 -
A Dame Claude de Rohan ou ayant-cause	740 -	740 -
(Différence 235 L 10 s)	1591 L	1355 L 10 s
L'autre part monte a . .		369 - 4 - 6 d
		1734 L 14 s 6 d
On ajoute a cette somme celle de		235 - 10 -
		L = 1960 L 4 s 6 d

Pour les deux quartiers retranchés des parties de la première colonne, pour en composer le total des anciennes charges dont le Seigneur Engagiste qui a interest qu'elles paroissent toujours, telles qu'elles etoient anciennement, chargeoit autrefois les fermiers, d'en faire le payement, mais il les recevoit luy même. Par le dernier bail il n'en est plus question.

Il y a encore d'autres charges, sur le Revenu de la Duché Pairie de Chatellerault, qui ne peuvent estre évalués, tels sont les frais des proces criminels et la nourriture et entretien des enfans trouvés. Les fermiers n'en sont point chargés.

Le dernier bail est de 9000 ᴸ, outre les charges en bled, et sous les reserves des lods et ventes des terres nobles au dessus de 500 ᴸ ; des amandes, confiscations, dommages et interests pour raison de crime, chasse et pescherie.

DROIT DE PREST ET ANNUEL(¹). — La nomination aux offices de la Senechaussée et des Eaux et Forests, n'estoit point dans le prix de la Ferme, c'est cependant un casuel qui est de concequence et pour en donner une idée, je joints icy l'évaluation qu'en fit Mʳ le Prince de Talmont en 1734.

Etat du droit de prest et annuel que doivent payer par avance les officiers de la Senechaussée et des Eaux et Forests de la Ville de Chatellerault a commencer du premier novembre prochain jusques et compris le dernier décembre suivant pour l'année 1735, conformément aux arrests du Conseil d'Etat du Roy ; sçavoir :

L'office du *President Lieutenant General* Civil et criminel et de police, Commissaire Enquesteur de lad. Sene-

---

(1) Le *Droit annuel* était l'impôt payé par les magistrats pour acquérir la propr. été de leurs charges. — (*Chéruel.* — *Dictionnaire des Institutions de la France).*

chaussée evalué et reduit a la somme de quatorze mil Livres doit pour un tiers de prests a moitié au sixiesme
denier, cy . . . . . . 388 ʟ 17ˢ 10
Et pour l'annuel a moitié. 116 - 13 - 4 } 505 ʟ 11 ˢ 2 ᵈ

L'office de *Lieutenant particulier* et assesseur civil de lad. Senechaussée evalué
a six mil Livres doit pour un tiers de prest
a moitié, cy . . . . . . 166 ʟ 13 ˢ 4
Et pour l'annuel a moitié. 50 - - } 216 ʟ 13 ˢ 4 ᵈ

L'office de *Lieutenant particulier* Asse-
seur Criminel evalué a quatre mil livres
doit pour un tiers de prest comme dessus
cy. . . . . 111 ʟ 2 ˢ 2
Et pour l'annuel a moitié 33 - 6 ˢ 8 } 144 ʟ 8 ˢ 10 ᵈ

Les offices de *Conseillers* de lad. Senechaussée evalués a treize cent trente trois
livres six sols, huit deniers chacun doit
pour un tiers de prest comme dessus
                          37 ʟ
Et pour l'annuel a moitié 11 - 2 ˢ 2 } 48 ʟ 2 ˢ 2 ᵈ

L'office d'*Avocat du Roy* evalué a deux
mil six cent soixante six livres huit sois
quatre deniers doit pour un tiers de prest
comme dessus a moitié. . 74 ʟ 1 ˢ 8
Et pour l'annuel a moitié 22 - 4 ˢ 6 } 96 ʟ 6 ˢ 2 ᵈ

L'office de *Procureur du Roy* évalué a
Cinq mil cinq cent trente trois livres six
sols huit deniers doit pour un tiers de
prest. . . . . 148 ʟ 2 ˢ 11
Et pour l'annuel a moitié 44 - 8 ˢ 10 } 192 ʟ 11 ˢ 9 ᵈ

L'office de *Rapporteur et certificateur
des Criées* avec pouvoir de postuler, evalué
a Cinq cent trente trois livres six sols huit

deniers doit pour un tiers de prest en entier au cinquiesme denier .   35 ᴸ 11 ˢ 6 ⎱
    Et pour l'annuel a moitié.   8 - 17 - 9 ⎰ 44 ᴸ 9 ˢ 3 ᵈ

Les offices de *Procurcurs postulants* (¹)
evalués chacun a quatre cent livres doit
pour un tiers comme dessus   26 ·· 13 ˢ 4 ⎱
    Et pour l'annuel a moitié.   6 - 13 - 4 ⎰ 33 ᴸ 6 ˢ 8 ᵈ

L'office de *Premier huissier audiancier*
evalué a cinq cent trente trois livres six
sols huit deniers doit pour un tiers de prest
comme dessus . . . . .   35 ᴸ 11 ˢ 6 ⎱
    Et pour l'annuel à moitié.   8 - 17 - 9 ⎰ 44 ᴸ 9 ˢ 3 ᵈ

Les autres offices d'*huissiers audianciers*
evalués chacun a trois cent livres. Chacun
doit pour un tiers de prest.   20 ᴸ »   » ⎱
    Et pour l'annuel a moitié.   5 - »   » ⎰ 25 ᴸ »   »

Les offices de *Nollaires* () de lad. ville
evalués chacun a quatre cent livres. Chacun doit pour un tiers de prest en entier
au Cinqᵉ denier. . . . .   26 ᴸ 13 ˢ 4 ⎱
    Et pour l'annuel . . .   6 - 13 - 4 ⎰ 33 ᴸ 6 ˢ 8 ᵈ

Les offices de *Nollaires Royaux* resi-
dants dans les bourgs et parroisses de
lad. Senechaussée evalués chacun a deux

____

(¹) Ces charges ont eté rendue hereditaires par la declaration du Roy du 3 décembre 1743 qui n'en exepte que celles
de M. le Duc d'Orléans, de l'Amirauté et de la Chancellerie,
ce qui paroist en faire perdre les droits de nomination aux
Seigneurs Engagistes dont quelques uns se sont pourvus
contre. La question n'est pas decidée au mois de may 1748.
— *Note postérieure de Roffay.*

(²) Même observation que ci-dessus pour les Procureurs.

cent livres, chacun doit pour un tiers de
prest .   .   .   .   13 ᴸ 6 ˢ 8 ⎱
Et pour l'annuel .   .   .   3 - 6 - 8 ⎰ 16 ᴸ 13 ˢ 4 ᵈ

Les offices de *Sergents Royaux* resi-
dants dans lad. Ville de Chatellerault evalués chacun a deux cent livres. Chacun
doit pour un tiers de prest   13 ᴸ 6 ˢ 8 ⎱
Et pour l'annuel .   .   .   3 - 6 - 8 ⎰ 16 ᴸ 13 ˢ 4 ᵈ

Les offices de *Sergents Royaux* (¹) resi-
dents dans les bourgs et paroisses de lad.
Senechaussée evalués chacun a Cent livres,
Chacun doit pour un tiers de prest 6 ᴸ 13 ˢ 4 ⎱
Et pour l'annuel .   .   .   1 - 13 - 4 ⎰ 8 ᴸ 6 ˢ 8 ᵈ

Eaux et Forests

L'office de *Maistre Particulier* des Eaux
et Forests de lad. Ville de Chatellerault
evalué a quatre mil livres doit pour un
tiers de prest en entier au Cinquiesme deniers .   .   .   .   266 ᴸ 13 ˢ 4 ⎱
Et pour l'annuel .   .   .   66 - 13 - 4 ⎰ 333 ᴸ 6 ˢ 8 ᵈ

L'office de *Lieutenant* evalué a treize
cent trente trois livres six sols huit deniers
doit pour un tiers de prest en entier au
Cinquiesme denier .   .   .   88 ᴸ 17 ˢ 9 ⎱
Et pour l'annuel .   .   .   22 - 4 - 6 ⎰ 111 ᴸ 2 ˢ 3 ᵈ

L'office de *Procureur du Roy* evalué a
huit cent livres doit un tiers de prest comme dessus .   .   .   .   .   .   53 ᴸ 6 ˢ 8 ⎱
Et pour l'annuel .   .   .   13 - 6 - 8 ⎰ 66 ᴸ 13 ˢ 4 ᵈ

(¹) **Même observation que précédemment.**

L'office de *Garde Marteau* evalué à cinq cent trente trois livres six sols huit deniers doit pour un tiers de prest comme dessus au cinquiesme denier . . 35 ^{L} 11 ^{s} 6)
Et pour l'annuel . . . 8 - 17 - 9⟩ 44 ^{L} 9 ^{s} 3 ^{d}

L'office d'*Arpenteur Royal* des Eaux et Forests s'il y en a evalué a trois cent livres doit pour un tiers de prest comme dessus . . . . 20 ^{L} » »)
Et pour l'annuel . . . 5 - » »⟩ 25 ^{L} » »

Les offices d'*Huissiers* ou *Sergents* des Eaux et Forests s'il y en a évalué chacun a deux cent livres, chacun doit pour un tiers de prest en entier au Cinq^e denier . . . . 13 ^{L} 6 ^{s} 8)
Et pour l'annuel . . : 3 - 6 ^{s} 8⟩ 16 ^{L} 13 ^{s} 4 ^{d}

L'office de *Capitaine du Chateau* et celuy de *Concierge* y reunis evalués ensemble a neuf cents livres, doit pour un tiers de prest en entier au Cinq^e denier 60 ^{L} » »)
Et pour l'annuel . . . 15 - » »⟩ 75 ^{L} » »

Cet etat est arreté a Chatellerault le 24 juin 1734 par M^r le Prince de Talmont, qui modera les anciennes evaluations de certains offices qui etoient si exorbitantes que les pourvues ne payoient jamais ny prest ni annuel. Cette moderation durera tant que l'Engagement subsistera, et ces offices reprendront au cas de rachapt, leur ancienne évaluation a moins qu'il ne plaise au Roy d'en confirmer la moderation, les autres sont restés sur l'ancien pied.

Les lettres d'Engagement ne donnent a l'Engagiste que la nomination aux offices des juridictions ordinaires. Cette question se mit il y a quelque temps a l'occasion du Lieutenant aux Eaux et Forests, sçavoir si cette juridiction etoit reputée ordinaire ou extraordinaire. M^r le Prince de Talmont pretendit qu'elle etoit ordinaire et fournit des Mémoires au Conseil par lesquels entrautres choses, il conclut a estre confirmé dans la nomination et presentation aux offices royaux, tant de la Senechaussée, des Eaux et Forests, que des autres Justices Royalles, du Duché de Chatellerault, etablies dans lad. ville, lors et au tems de la transaction de 1582, Ensemble dans la possession et jouissance du Prest et Annuel des offices, droits de *Resignations* (1) et de *Vacances* (2) et dans tous les autres droits du Duché, lesquels memoires furent communiqués au S. Tresorier General des parties casuelles qui combattit toutes les raisons et moyens de M^r Le Prince de Talmont et sur le tout intervint arrest dont voicy le dispositif :

« Ouy le Raport du s^r Orry Conseiller d'Etat et ordinaire
« au Conseil Royal controlleur General des Finances, *Le Roy*
« *en son Conseil de Grace specialle* et sans tirer a consequence
« a ordonné et ordonne que sur les actes de presentation et
« nomination dud. s^r Prince de Talmont, aux Officiers Royaux
« de la maîtrise particuliere des Eaux et Forests du Domaine
« de Chatellerault, comme Engagiste dud. Domaine toutes
« provisions seront scellées en la maniere ordinaire. Fait au
« Conseil d'Etat du Roy tenu a Versailles le 5 mai 1733.
« Signé de VOGNY. »

---

(1) Le mot de *Résignation* désignait la démission d'un titulaire d'Office ou de Bénéfice en faveur d'un autre. Pour les Offices de justice et de finances, c'était une vente déguisée.— (*Chéruel. — Dictionnaire des Institutions de la France*).

(2) On entendait par ce mot la *vacance* d'un Office momentanément sans titulaire.   C. P,

Une seulle observation sur la fixation de la charge et Présidence de Lieutenant General de la Senechaussée et autres y jointes, est que celle de Lieutenant de Police y est jointe, quoyque de nouvelle Creation, et qu'elle ne soit point au casuel du Seigneur Engagiste, attendu que c'est une juridiction particuliere, quoyqu'a la verité enlevée de la Justice ordinaire, et c'est la raison pour laquelle le Roy ne s'en est approprié que la premiere finance et a laissé le Casuel au Seigneur du fonds duquel elle avoit eté tirée.

Épilogue

Voilla toutes les notions que j'ay pu rassembler, et que
je ne regarde que comme une faible idée de l'histoire de
cette ville. C'est un pur acte de bonne vollonté de ma
part, qui pourra porter quelqu'un mieux au fait, que je
ne le suis, a faire une histoire plus complette, mieux de-
taillée et mieux ecritte, que ne sont ces memoires, dans
la compilation desquels j'ay eté puissamment aidé, par
ceux que les R. R. P. P. Minimes ont eu la bonté de me
communiquer.

Il n'en est pas ainsy de certains memoires que l'on m'a
communiqués sous le nom de *Journaux*, dont le titre me
promettoit un secours considerable. Mais ils n'ont pas
repondu a mes esperances, je ny ai trouvé que des baga-
telles. Telles sont les histoires de quelques petites familles
bourgeoises, qui n'interessent personne.

Si par cas fortuit, il sy est trouvé quelques faits importans, ils y sont portés d'une maniere si seche, qu'ils
ne m'ont eté d'aucun usage, n'etant accompagnés d'aucunes circonstances ny reflections, sur ce qui les avoit pre-
cedés et suivis. Mais au moins m'ont-ils servy a m'en faire

faire une tres judicieuse, sur l'usage important dont seroient ces journaux s'ils etoient fait avec art et par des
personnes lettrées et d'un discernement juste et solide, il
seroit a souhaitter que quelqu'un, en etat de le faire se
chargeast de ce soin, en chaque ville. Ce seroient d'excellens materiaux pour l'Histoire, l'autheur en transmet-
tant a la Posterité celle de son pays, immortaliseroit en
mesme tems son nom et sa memoire.

Apres les détails dans lesquels je suis entré, les Observations Generalles ne seront pas longues, elles se reduisent principallement, a representer la ville de Chatellerault scittuée dans un tres beau pays, mais mediocrement
bon, et dont le commerce, independamment de sa situation avantageuse est tres borné. S'il m'est permis de dire
un mot de son territoire, en general, je finiray par ou j'ay
commancé, en disant qu'il raporte a peine des fruits,
pour la consommation du pays ; par consequent sans res-
source, pour les cas fortuits de disette, et autres acci-
dents.

Les artisans de la Ville et les habitants de la Campagne
n'ont que leur pain quotidien, sur lequel ils sont obligés
de retrancher le payement de leurs charges actuelles ;
que si le payement en etoit differé d'une année a l'autre,
il leur seroit impossible d'en sortir, la meilleure suffisant
a peine, pour suporter ses charges ; dans ces circonstances, il est evident que les habitans de la ville de Chatellerault, et de son territoire, ont besoin d'un menagement
infiny, d'un prompt soulagement et d'une diminution
d'impost proportionnée a sa situation. Ils attendent ces
graces de la Justice, de la bonté et de la charité du sage et
équitable Ministre qui en est le dispensateur dans cette
Province, pour la conservation et la prospérité duquel ils
ne cesseront jamais de faire des vœux au ciel.

PIÈCES

ANNEXÉES

Pièce nº 1

Reunion du Vicomté de Chatellerault à la Couronne
et Creation d'vn Siege Royal

Loys par la grace de Dieu Roy de France sçavoir faisons a tous presens et advenir. Comme puis nagueres un
an es environ feu Charles d'Anjou en son vivant Roy de
Cecile (¹) Comte du Maine et de Provence et Vicomte de
Chastelayraud nostre frere et cousin par son testament et
ordonnance de volonté nous eust faict constitué et ordonné son heritier universel, et entre autres choses par
son dict testament nous eust delaissé le dit vicomté de
Chastelayraud pour icelluy estre joint et uni à la couronne de France sans qu'il pust estre jamais osté ne sepa-
ré, depuis lequel tems nous eussions differé et delaissé
d'accepter le dit legs d'icelluy vicomte sous ombres de
certains troubles et empechemens que austre fois avoyent
esté meus a feu le conte du Maine en son vivant nostre

(¹) Cecile pour *Sicile*.

oncle et pere dudit Roy de Cecile dernier trepassé touchant
la dicte viconté jusques a present que ayant esté deument
informés qu'iceux empechemens avoient esté, du vivant
du dit feu Conte du Maine nostre oncle par le moien des
bons et vrays titres qu'il avoit en icelluy, viconte de
Chastelayraud qui ont esté trouvez apres son decebz,
ainsi que par les gens de nostre grand conceil par lesquels
nous avons faict voir et visiter iceulx droits et titres nous
en avons deument acertenés pour ce est-il que nous ayans
regard et consideracion a la volonté de nostre dit feu
frere et cousin le Roy de Cecille, Viconte du dit viconté
de Chastelayraud, qui a voulu a ceste cause y celluy viconté de Chastelayraud exhausser, eslever, decorer et
meliorer et mesmement nostre dicte ville de Chastelayraud ou y a tres beau logis amenable et delectable lieu et
bonneste demeure assise en tres belle et bonne situacion
de pays environné et circuité de beaux et plusieurs chasteaux places et maisons de plaizances alentour et de tous
les costez d'icelle ville laquelle est aussi assise en grand
trepas de Picardie, Guienne, Bretagne, Normandie et
Lionnois et pres de nos villes et chateaux de Tours, Poictiers, Chinon, Loches et Amboise esquelz lieux qui sont
pres du milieu des extrémités de nostre royaume de toutes parts, esperons que nous et nostre tres chier filz
Charles dauphin de Viennois y ferons partie du tems nos
habitacions et demeurances et a ce que icelle nostre ville
et viconté de Chastelayraud se puisse mieux en bref se
faire et augmenter, pour ses causes et autres considera-
cions a ce nous mouvans de nostre propre mouvement
pleine puissance et authorité roïalle avons iceux nos villes
et vicontés du dict Chastelayraud, *unis joint et mis*, unis-
sons, adjoignons et mettons par ces presentes a nostre domaine et noste dicte couronne de France sans que jamais

pour quelquonque cause ou occasion que ce soit, ils en
puissent estre ostez separez et disjointz ne mis hors en
aucune maniere et de nostre plus ample grace propre
mouvement et authorité roïalle; avons voulu, ordonné et
declaré, voulons, ordonnons et déclarons qu'en nostre
dicte ville de Chastelayraud y aye doresnavant *siege roïal*
qui s'appellera le *Gouvernement de Chastelayraud* qui y
sera tenu et exercé par notre amé et feal conseiller et
chambellan Gallehaut d'Allongné, chevalier Seigneur de
la Groye et maistre de nostre hostel, lequel despuis que le
dit viconté est venu en nos mains nous avons fait gouverneur et capitaine du dict lieu de nostre ditte ville et
viconté et par ses successeurs ou gouverneurs dudict
lieu ou leurs lieutenans et lequel gouverneur present ou
advenir ou son lieutenant aura la principale authorité et
cougnaissance de nostre justice et police au dict lieu de
Chastelayraud, comme ont nos austres gouverneurs senes-
chaulx et baillis des senechaussées et bailleages royaulx
de nostre royaume, et lequel sieje de gouverneur et de sa
ditte juridiction au dict lieu de Chastelayraud ressortira
et sans moïen par appel et en ressort en nostre cour de
parlement, en laquelle nous voulons qu'il soit intitulé
siege royal comme les austres sieges des austres gouverneurs senechaulx ou baillifs royaux de nostre dict royaume, et que le juge ordinaire dudict lieu de Chastelayrauud
qui y a accoustumé estre aye la cognoissance seulement
de l'ordinaire d'iceulx nos villes et vicontés, et duquel le
ressort et les appeaux (¹) ressortiront directement par devant ledit gouverneur ou son lieutenant, sans que les ap-

---

(¹). *Appeaux*, appel d'une justice particulière devant les
tribunaux royaux.

peaux tant du dict juge qui souloient (¹) ressortir devant le seneschal du dict Chastelayraud qui a esté par cy devant, ne ceux du dict gouverneur a present au lieu du dict seneschal ressortissent plus doresnavant par devant le dit seneschal de Chastelayraud ne pardevant nostre dict seneschal du Poictou ; ainsi ressortiront ceulx du dict juge ordinaire par devant le dit gouverneur ou son lieutenant et ceulx dudict gouverneur directement et sans moiens en nostre dicte cour de parlement, comme dict est, et tout ainsy que font les aultres gouverneurs des seneschaussées ou bailleages royaux, et que les habitans sans moiens de nostre dicte ville de Chastelayraud soient et demourent nos subjets, et qu'ils jouissent de semblables privileges et exemptions que font nos autres subjets sans moiens de nostre dict royaume ; et lesquels des a present nous voulons estre mis, pris et tenus en nostre protection et sauvegarde especiale toutes fois qu'ils le requeront pour nos lestres de sauvegarde qu'ils pourront avoir et obtenir de nostre chancellerie, tout ainsy que font et ont acoustumés estre nos aultres subjets sans moiens de nostre dict royaume, en les ostant, eximant et separant a tousjours de nostre dicte seneschaussée de Poictou et dudict sieje royal de Poictiers, et lesquels nous en avons extraits et separez, ostons, eximons et separons doresnavant de nostre dit puissance et authorité par ces presentes.

Sy donnons en mandement a nos amés et feaulx conseillers les gens de nostre cour de Parlement et de nos comptes a Paris et a nostre dict seneschal de Poictou, et a tous nos aultres justiciers et officiers ou leurs lieutenans ou commis presens ou advenir, et chacun d'eulx, si comme a luy appartiendra, et qui requis en sera, et du

---

contenu en y celles facent et souffrent jouir et user nostre dit gouverneur juge et austres officiers au dict lieu de Chastelayraud et aussi nos dicts subjets de nostre ville et viconté, sans pour ce leur faire ou donner, ne souffrir estre fait, mestre ou donner ores, ne pour le tems advenir aucuns destourbier ou empeschement, au contraire lequel si fait, mis ou donné leur avoir esté ou estoit et mestent ou facent oster et mestre sans delay au premier etat et du, nonobstant oppositions ou appellacions quelzconques et que par cy devant la dicte ville et viconté ayant ressort d'ancienneté au dict Poictiers ; et quelzconques ordonnances mandements et restrinccions ou deffenses a ce contraire. Et afin que ce soit chose ferme et estable à tousjours nous avons faict mestre nostre scel a ces dictes presentes sauf en austres choses nostre droit et l'aultruy en toutes.

Donré au Plessis du Parc les Tours au mois de decembre l'an de grace mil quatre cens quatre vingt et deux, et de notre regne le Vingt et deuxieme. *Signé* sur le repli : par le roi, ROBERT (¹).

(¹) Extrait des registres des *Ordonnances Royales* enregistrées en la Cour de Parlement.

Pièce n° 2

Creation des offices de la Senechaussée de Chatellerault

La Justice de Chatellerault a esté erigée en Senechaussée siege Royal par *lettres patentes de Louis XI, données au Plessis du Parc les Tours au mois de decembre 1482* et et il y fut etably un Senechal, un Lieutenant General et un Procureur du Roy.

Edit du Roy Henri Second au Camp des Deux Ponts au mois de may 1552. — En 1552, on crea dans tous les baillages et senechaussées un Lieutenant Criminel, l'office duquel a esté reuny a celuy de Lieutenant General en execution de l'ord^ce des Etats de Blois de l'année 1579, art. 237.

Par l'*Ord^ce d'Orleans, art. 50,* les charges et offices de Prevosts Royaux ; et autres leurs lieutenants avocats et Greffiers furent supprimés et leur juridiction fut remise aux Sieges des Baillis et Senechaux des villes ou ils etoient etablis de maniere qu'en execution de cette Ord^ce la Justice Ordinaire qu'il y avoit a Chatellerault avant l'Election de la Senechaussée fut reunie a celle du Senechal.

Depuis l'Erection de la Senechaussée on a creé un lieutenant particulier assesseur civil suivant l'*Ordonnance du Roy Charles Huit donnée a Paris au mois de Juillet 1493* — art. 74.

Edit du Roy François premier donné a Paris au mois de Janvier 1514. — En 1515 on crea des Commissaires Enquesteurs Examinateurs dans tous les bailliages et Senechaussées. Il en fut etably un dans la Senechaussée de Chatellerault. L'office duquel le Lieutenant General acquit et le reunit au sien.

Edit du Roy Charles donné a Paris au mois de Decembre 1567. — En 1567, on crea des avocats du Roy dans les baillages et senechaussées et autres sieges Royaux. Il y en eut un etably a Chatellerault.

Edit du Roy Charles 9 donné a Blois au mois d'8ᵇʳᵉ 1571. — En 1571, on crea des Conseillers dans les Colleges et Senechaussées. Il en fut etably deux a Chatellerault.

Edit du Roy Henri 4, donné a Paris au mois de Juin 1596. — En 1596, on etablit a Chatellerault, un lieutenant particulier assesseur Criminel.

Edit du Roy Louis 13 donné au mois de Xᵇʳᵉ 1635. — En 1635, on crea des Presidans dans les bailliages et senechaussées. On en etablit un Chatellerault et l'office fut acquis par le Lieutenant General qui le reunit au sien.

Edit du Roy Louis 14 donné au mois de 9ᵇʳᵉ 1696, portant creation d'offices de Conseillers garde sels. — Le deux de May, Fortuné Faucon qui s'etoit fait recevoir en l'office de Conseiller garde sel, y fut installé en la Senechaussée. Cet office etoit de nouvelle creation, etánt depuis 1689.

Edit du Roy Louis 14 donné a Fontainebleau au mois d'octobre 1699. — En 1699, on crea des Lieutenans Generaux de Police dans les bailliages, senechaussées et autres Sieges Royaux. L'office de Chatellerault fut acquis par le Lieutenant General avec faculté de le desunir, faculté donnée par arrest du Conseil.

Edit du Roy Louis 14 donné a Versailles au mois de novembre 1699. — En la même année on crea aussy un Procureur du Roy a la Police, cet office fut reuny par le Procureur du Roy a la Senechaussée au sien avec faculté de le desunir.

En telle sorte que les charges de la Senechaussée de Chatellerault sont remplies presentement par un Senechal de Robe Courte qui n'a pas voix deliberative.

Un *Président*, Lieutenant General Civil, Criminel et de Police, Commissaire Enquesteur et examinateur,

Un *Lieutenant Particulier*, assesseur Civil,

Un *Lieutenant Particulier*, assesseur Criminel,

Deux *Conseillers* d'ancienne creation,

Un *Conseiller* de nouvelle creation,

Un *Avocat* du Roy.

Le Ressort de la Senechaussée de Chatellerault s'étend sur environ soixante dix parroisses, la Ville qui est assés considerable en fait la meilleure partie.

Pièce n° 3

Erection du Vicomté de Chatellerault en Duché Pairie

François par la Grace de Dieu, Roy de France, sçavoir faisons a tous presens ou advenir, que nous considerans nos predecesseurs roys de France toujours augustes avoir sublimé et elevé en excellence et titres d'honneur les personnes qui ont attouché en consanguinité de lignage a jeurs maisons, terres et Seigneuries et mesmement iceux qui avec lad. proximité de lignage ont esté resplandissans de vertus et mérites, dont l'attribution leur estoit raisonnablement due, pour toujours inciter aux autres leurs mœurs a vouloir acquerir titres de vertu, et à s'employer a choses dignes de plus grands mérites ; connoissant les vertus et recommandables services, que nostre tres cher et tres amé cousin François de Bourbon, vicomte de Chatelleraud et Seigneur de la Basse-Marche a fait a feu nostre tres cher seigneur et beaupere le roy Louis dernier (1)

____

(1) Louis XII, roi de France.

decedé en ses guerres, tant de ça que de la les monts et aussi
a nous, avant et depuis nostre advenement a la couronne,
esperant qu'il continera de bien en mieux a l'imitation
desd. de Bourbons ses predecesseurs, qui sont descendus
en droite ligne de la maison de France par le moyen de
Robert fils de monsieur St Louis roy de France, et depuis
continué de masles en masles jusqu'a nostre tres cher et
tres amé cousin Charles ( ) a present Duc de Bourbon
frere ainé de nostre Cousin le Vicomte ; lesquels dits ont
cordialement perseveré en le vray amour et dilection des
roys nos predecesseurs en leur tems, et de la Couronne
de France, comme le temoignent leurs tres hauts faits et
vertueux exploits et gestes, qui sont ecris en perpetuelle
memoire es chroniques et anciennes histoires de lad. maison de France ; *Pour ces causes* et pour les tres grand
amour, foi et loyauté que nostre d. Cousin le Vicomte a
a porté envers nous, et la chose publique de nostre royaume, et aussi pour la proximité de lignage, dont il nous
atteint, voulant l'elever en excellence d'honneur et dignité, et avec ce decorer lad. vicomté de Chatelleraud de
titre de Duché, attendu qu'icelle vicomté est moult belle
et ancienne, de bon et grand revenu et grande estendüe,
en assiette fertile et delectable, en laquelle il y a toute
juridiction et connoissance en premiere instance, et Seneschal qui connoist en seconde instance, et d'icelles dé-
pendent et sont tenues les Chatellenies de Gironde, Bon-
neuil Matours, St Remy, Puymellerou, et plusieurs autres
terres et seigneuries, beaux et grands fiefs, et arrieres

---

(1) *Charles III, duc de Bourbon,* frere aîné de François de
Bourbon, qui avait épousé Suzanne de Bourbon, du chef de
laquelle il était vicomte de Châtellerault, avait vendu à son
frère François ledit vicomté avant son érection en Duché Pairie,

fiefs, vassaux, sujets, villes, chasteaux, places, villages, tant de l'ancien patrimoine d'iceluy vicomté, que de plusieurs autres terres nagueres unies a icelle vicomté, qui sont de l'acquest de nostre tres chere et amée tante Anne de France (¹), duchesse de Bourbonnais et d'Auvergnes, le nostre dit cousin le Vicomte a droit aud. vicomté, par l'augmentation de la quelle iceluy nostre d. cousin nous a supplié unir et incorporer les Chastellenies du Dorat, de Chalaix, Charots, Belac, Rancon et Champagnac assises en la Basse Marche, et leurs appartenances qui sont pres et bienseantes a lad. Vicomté, et des quelles Chastellenies de ressort par appel du Seneschal et gouverneur de la Basse Marche quant aus d. Chastellenies, du Dorat, de Chalaix et Charots va directement en nostre d. Cour de Parlement de Paris, et quant aux autres Chastellenies de Belac, Rancon et Champagnac en nostre Cour de Parlement a Bordeaux, et pour d'autres conciderations a ce nous mouvants, en sur icelles l'advis et deliberation avec les autres princes et seigneurs de nostre sang et liguage, et gens de nostre Conseil mesmement qu'a nostre sacre, nostre d. cousin Le Vicomte nous a servi de duc et pair de France, et encore par l'advenement a la couronne de nostre d. beaupere et de nous, les pairies d'Orléans et de Valois sont esteintes et supprimées, et ensemble l'ont eté et seront les duchés d'Anjou, Berry et Touraine, et les Comtés de Poitou et du Maine, avons de nostre propre

---

(¹) *Anne de France*, dite Madame de Beaujeu, était fille de Louis XI et de Charlotte de Savoie, sa deuxième femme. Elle épousa Pierre II de Bourbon sire de Beaujeu, depuis duc de Bourbon, dont sortit Suzanne qui épousa Charles III de Bourbon, et mourut sans postérité. — (*De Moreri.* — Art. Charles III et art. Anne de France).

mouvement, certaine science, pleine puissance et authorité royale icelui vicomté de Chatelleraud et les dites Chastellenies, terres et seigneuries dependantes du domaine du dit vicomté, ensemble lesd. Chastellenies, du Dorat, Chalaix et Charots, Belac Rancon et Champagnac, lesquelles nous y avons unies et incorporées de nostre puissance et authorité royale, creé et erigé, creons et erigeons par ces presentes en dignité, nom, titre et preeminence de *Duché* et de *Pairie.*

Voulant et déclarant que les d. Vicomté, Chastellenies, terres et seigneuries des sus d. soient dorennavant dits, nommés, et appellés la *Duché de Chastelleraud*, pour en jouir et en user par nostre d. Cousin et ses successeurs masles toujours perpetuellement en titre de Duc et Pair de France, tout ainsi que les anciens pairs de France en jouissent et usent, tant en justice, juridiction et autremement, et sous le ressort de nostre d. cour de Parlement a Paris, et laquelle vicomté et terres incorporées, nous avons extraites, eximées, et exemptées, distraions, eximons et exemptons, de tous nos autres juges en tous cas, fors et excepté des cas royaux, dont la connoissance leur appartiendra comme il est accoutumé, et lequel nostre dit cousin et ses successeurs masles voulons et declarons estre dits et nommés e représantés ducs de Chastelleraud et pairs de France, et qu'ils tiennent les d. duchés et chastellenies incorporées en titre de Duché et Pairie a une a une seule foi et homage lige de nous et de la Couronne de France, de laquelle Pairie, nostre d. cousin nous a present fait serment de fidelité pourveu toutefois qu'en defaut d'hoirs masles, la dignité de Pairie sera esteinte et supprimée, demeurant neanmoins icelle vicomté de Chastelleraud et Chastellenies incorposées en titre et dignité de Duché, avec la d. exemption de nos d. juges, en la maniere dessus designée, pour estre heritage aux héritiers de nostre dit Cousin venans et procedans de ligne tant masculine que feminine et des ayant cause d'eux.

Sy donnons en mandement par ces mêmes presentes a nos amés et féaux les Conseillers et gens tenans et qui tiendront nostre cour de Parlement, et a tous nos autres justiciers et officiers leurs lieutenants et commis et chacun d'eux, si comme à 'ui appartiendra, que de nos presentes erection, vouloir ordonnance et de tout le contenu en ces d. presentes, ils fassent, souffrent et la'ssent nostre dit cousin et ses successeurs jouir et user pleinement et paisiblement perpetuellement et à toujours, sans leur faire mestre ou donner, ne souffrir estre fait mis ou donné ores ni dans le tems avenir aucun destourbier ou empeschement contraire, ains si aucun n'avoit esté fait mis ou donné. le lui mesttent ou fassent mestre incontinent et sans délai au premier etat a due et a pleine delivrance. *Car tel est notre plaisir*, et afin que ce soit chose ferme et stable a toujours nous avons fait mestre nostre scel aux d. presentes, sauf en autre chose nostre droit et l'autruy en tout.

Donné a Paris au mois de fevrier l'an de grace mil cinq cent quatorze et de nostre règne le premier. *Signé* sur le reply, par le Roy; présens le *sire de Boisy* grand maistre de France et autres princes *Robert* etc. ( )

(¹) Extrait du *Mémoire du R. P. Fleury*.

Pièce n° 4

Création de la Maison de Ville de Chatelleranlt en l'année 1561

Charles par la Grace de Dieu Roy de France sçavoir faisons a tous presents et avenir, que Nous considerant la notable et ancienne fondation de notre ville de Chatelle-rault qui est scise sur une bonne et grosse Riviere por-tant jusqu'a la mer Oceanne et sur le grand passage d'Espagne et Guienne en France, et aussy quelle est ha-bitée de grand nombre et notables hommes bourgeois marchands et autres, voulant par ce orner decorer et augmenter les honneurs prerogatives et proeminences de notre d. ville, a l'exemple des autres circonvoisines affin dé donner courage et meilleure volonté auxd. habitans de bien et mieux se gouverner, regir et policer lad. ville icelle entretenir en dues reparations et fortifications, en-semble les portes, porteaux, ponts, chemins et passages d'icelle qui de present sont en tres mauvais etat ainsy que plusieurs grands et notables personnages de notre Royau-me qui y sont nagueres passé nous ont temoigné. *Pour ces causes* et autres raisonnables considerations a ce nous mouvants avons creé ordonné et etably et par sa teneur en ces presentes creons, ordonnons et etablissons en notre ville de Chatellerault pour les bourgeois, marchands et autres manans et habitans d'icelle un College perpetuel representant tout le Corps et habitans d'icelle pour le reglement de la police. Lequel sera et l'avons composé sçavoir est d'un *Maire* et deux *Echevins*, lesquels Echevins seront elus et creés d'an en an et led. Maire de Trois ans en trois ans, auxquels Maire et Echevins avons ordonné et donnons pouvoir, Authorité et mandement de connoistre et de terminer des affaires qui se presenteront concernant la Police et Gouvernement de lad. Ville, tant sur le fait des vivres, vins, bleds, foins, avoines que touttes autres choses apartenantes a police de ville, regir, administrer, ordonner et disposer pour le bien d'icelle des deniers patrimoniaux communs et d'octroy privativement a nos juges et officiers lesquels ne s'en pouront plus entremettre et avenant la vacance de l'un dud. College en sera elu et institué un autre par les dits Maire et Echevins, l'un desquels Echevins fera en son année la Recette desd. deniers patrimoniaux communs et d'octroy de lad. ville et un autre l'Etat de Procureur et en ce faisant demeureront les offices Receveur et de Controlleur des deniers patrimoniaux et communs de lad. ville supprimés et abolis en les remboursant par lesd. habitants, de la finance par eux fournie sans fraude a nos predecesseurs pour la composition de leurs offices, qu'*aucun desd. habitants etant de Robe longue ou Etat de pratique ne pourra estre elu ny reçu en aucune des dignités de Maire ou Echevins, mais en demeureront, les personnes de lad. qualité excluses suivant l'Edit du mois d'8bre 1547*, que lesd. Maires et Echevins qui auront comme dit est : La

connoissance, juridiction et correction des choses concernant le fait de police et dependances primtivement a
nosd. Juges et officiers d'icelle, pourront faire executer
leurs sentences, condamnations et mandements par les
sergens ordinaires dud. lieu nonobstant l'appel et sans
prejudice d'icelles, lesquelles sentences, condamnations
et tous autres actes de lad. Mairie, seront expediées par
notre greffier ordinaire et les deniers de mulctes et amandes employées aux affaires publiques de lad. ville aussy
et en la forme et maniere qu'en usent les villes circonvoisines comme Poitiers et Tours et pour obvier aux abus
et fraudes qui se font par les artisans en leurs etats et
metiers iceux dits arts et metiers que lesd. Maire et Echevins connoistront estre mauvaises en lad. ville seront ju-
rés par devant eux a ce que les marchandises soient plus
legalles et les autres choses mieux reglées et policées et a
cette fin seront les chefs d'œuvres mis en la maison de
ville pour en ordonner. *Sy donnons* en mandement a nos
amés et feaux conseillers les gens de notre Cour de Parlement de Paris et a tous nos autres justiciers et officiers
qu'il appartiendra que ces presentes ils fassent tenir, gar-
der et observer et au premier des Maistres des Requestes
de notre hotel Conseiller d'icelle Cour, Senechaux de
Poitou, Chatellerault ou leur Lieutenant premier sur ce
requis icelles fassent lire, publier et enregistrer au siege
dud. Chatellerault jour d'audiance et tout le contenu fassent, souffrent et laissent jouir et user lesd. habitants
pleinement et paisiblement, cessant et faisant cesser tous
troubles et empeschements au contraire et a ce faire
souffrir et obeir contraignent et fassent contraindre tous
ceux qu'il appartiendra et pour ce feront contraindre par
les voyes que de raison *Car tel est notre plaisir* nonobstant oppositions et appellations quelconques pour les-

quelles et sans prejudice d'icelle attendu qu'il est question du bien public ne voullons estre differé et quelconques Edits, Ordonnances, Mandements et lettres au contraire et affin que ce soit chose ferme et stable a toujours, nous avons fait mettre notre scel a ces d. presentes sauf les autres choses notre droit et l'autruy en tout. *Donné a St Germain en Laye au mois de Janvier l'an de Grace 1561 et de notre regne le deuxiesme* et sont scellés du Grand Scel de Cire Jeaune en lais de soye verte et rouge et sur le repvly est ecrit par le Roy en son Conseil,

Lues publiées et enregistrées ouy le Procureur General du Roy aux charges contenues en l'arrest donné sur la verification desd. Arrets, le quatriesme jour de may dernier passé a Paris en Parlement le dernier de Juillet, l'an de Grace 1565. — Signé : *Dutillet.*

Collationné et fait a l'original Extrait des Registres des Ordonnances Royaux, Registrées en la Cour de Parlement. — Signé : *Dutillet.*

Extrait des Registres du Parlement

Lues par la Cour les Lettres Patentes du Roy données a St Germain en Laye en Janvier 1561, obtenùes par les Marchands manants et habitants de la ville de Chatellerault autres lettres obtenues dud. Sr par lesd. habitants données a Avignon le 4 8bre 1564, leur Requeste présentée a la Cour par lesd. habitants le 19 feuvrier. L'acte de Renonciation faitte par anciens particuliers habitants de lad. Ville a l'opposition cy devant formée a la publication de lettres dud. mois de Janvier 1561.

Les Conclusions du Procureur General du Roy auquel par ordonnance de lad. Cour le tout a eté communiqué et tout consideré, lad. Cour a ordonné et ordonne

que les Lettres d'Erection et Creation du College representant tout le Corps des habitants de lad. Ville de Chatellerault soient lues, publiées, enregistrées es Registres
d'icelle a la charge toultefois que les Maire et Echevins
qui seront elus pour avoir la charge dud. College ne se
pouront entremettre ny prendre aucune juridiction du
fait de la police ny autres, soit pour les bleds, vins, foins,
avoines ny sur les Metiers des artisans d'icelle ville ains
demeurera l'exercice de la Justice et Police d'icelle ville
aux officiers du Roy sauf a eux l'administration des deniers de reparations des pavés, portes, murs, ponts et
passages et autres affaires particulieres dud. corps de
ville et sans prejudice a ceux des habitants d'icelle ville
qui sont de Robbe Longue et Etat de Pratique de pouvoir
estre elus esd. charges sous le bon plaisir du Roy et a la
charge que les officiers dud. Seigneur Roy presideront
aux assemblées qui se feront aud. hotel de ville. Fait en
Parlement le 4 may 1565 — signé : *Dutillet.*

Collationné la presente coppie et autres coppies etant
au greffe de Chatellerault. Signé : *P. Canche* greffier, par
moi *J. Faulcon* greffier de la Maison de Ville de Chatellerault.

Pièce n° 5

Etablissement de l'Hopital General de Chatellerault

Louis par la Grace de Dieu, Roy de France et de Navarre, a Tous presens et a venir salut,

La divine providence faisant veoir tous les jours qu'il ne luy est rien impossible, et que par une police reglée sur les maximes de l'Evangile, l'on peut remedier a la vie scandaleuse et au libertinage de la pluspart des pauvres mendiants pour les tirer des desordres que leur cause l'oysiveté et empecher qu'ils ne soient errants et vagabonds par les provinces et dans les villes en les renfermant dans un hospital ou ils soient nouris entretenus, et instruits des saints misteres de la religion et des choses les plus necessaires au salut, mesme pour pouvoir gaigner leur vie et se tirer de la mendicité par leur travail, et comme ces sortes d'establissements ont eu des succes heureux en plusieurs villes de nostre royaume, les habittans de nostre ville de Chastellerault portés a leur exemple par un pur mouvement de pieté envers les pauvres, et voulant aussi correspondre a nos bonnes intentions. *A ces causes*, veu le consentement du Sr Evesque de Poictiers, et apres que l'examen de cette proposition a esté fait par notre amé et feal conseiller en nos conseils, M^e des requestes ordinaires de n^re hostel intendant de justice police et finances de n^re province de Poictou le S^e Lamoignon de Basville, Nous de nos grace specialle plaine puissance et autorité royale, avons par ces presentes signées de n^re main ordonné et statué ordonnons et statuons voulons et nous plaist que tous les pauvres mendiants de l'un et l'autre sexe de lad.. ville et fauxbourgs de Chastellerault soient enfermés dans le lieu que lesd. habittans choisiront a cet effet pour y establir l'hopital general sur la porte de laquelle maison sera mise cette inscription *hospital general*, avec nos armes, faisons tres expresses inhibitions a toutes personnes de quelque qualité qu'elles puissent estre valides et invalides de mandier dans la d. ville et fauxbourgs a l'exception des religieux et religieuses mandiantes et pour la direction du d. establissement, *Nous voulons* que le bureau de seize directeurs, sçavoir du Lieutenant general et du substitut de n^re Procureur general comme directeurs nais a cause de leurs charges, de deux ecclesiastiques et douze autres bourgeois et habittans qui seront par nous choisis pour la premiere fois seulemant desquels il y en aura six qui demeureront en charge pendant toute leur vie, et huit qui seront changés apres deux années de service, Tous lesquels directeurs presteront le serment dans le bureau entre les mains de celui qui presidera, Et comme nous avons eté bien informés de la probité des personnes qui peuvent remplir ces places, Nous avons par ces presentes et pour cette premiere fois nommé et nommons le sieur Fumée, Lieutenant general et le Sr Dauphin substitut de

nᵉ Procureur General comme directeurs nais, le sieur
Georges, curé de Sᵗ Jean, le Sʳ Phelippon de la Massonne conseiller, le Sʳ Rasteau President des esleus, le sieur
Theodore avocat, le sieur Gaultron l'aisné avocat et le Sʳ
Renault marchand, lesquels demeureront en charge pendant leur vie, le Sᶜ Ragot curé de Chasteauneuf, le Sʳ
Fortuné Alain substitut de nᵉ Procureur General en
l'Eslection, le Sʳ Prieur advocat, le sieur Rasteau advocat,
le Sʳ Bodin Procureur, le Sʳ Delaveau, Procureur, le Sʳ
Bodin notaire et Delavau Mᵈ lesquels seront changés
apres avoir servy deux ans, et en la place de tous lesquels
quatorze directeurs en cas de mort des six premiers et
apres deux ans de service des huit autres, il en sera choisy
d'autres par les directeurs et a la pluralité des voix, sy
ceux qui auront servy deux ans ou quelques uns d'eux
ne sont pas continués ou confirmez par les d. directeurs,
ce qu'il pouront faire. Tous lesquels directeurs prendront
sceance et rang au bureau et ailleurs lorsqu'il s'agira de
quelque affaire concernant l'hopital selon l'ordre qu'ils
sont nommés, et designés par ces presentes, et ensuite selon l'ordre antien de leur reception, Ne pouront les ecclesiastiques presider, mais auront science et donneront leur
advis immediatement apres le Lieutenant General ou celuy qui presidera en son absance, Nous leur donnons et
attribuons a leurs successeurs tous pouvoir et autorité de
direction et administration connoissance jurisdiction police correction et chastiment sur tous les pauvres de nᵉ
ville et fauxbourg de Chastellerault tant dedans que dehors le d. hospital general exclusivement, privativement
et independamment de toute autre jurisdiction et police
de la dite ville. N'entendons neanimoins qu'ils puissent
prendre aucun pouvoir ny jurisdiction que sur les pauures
renfermés dans l'hospital et sur les autres pauvres man-

diants qui seront trouvés au dehors contrevenans aux
deffences portées par les presentes et ce par forme de
correction et de chastiment seulement. Voulons que lorsqu'il y aura lieu d'ordonner des peines afflictives plus
grandes que la prison, le fouet ou le carquan au dedans
ou a la porte dud. hospital, les directeurs soient tenus les
faire juger par les juges ordinaires de la ville qui sera
fait sommairement et sans frais ; comme nous n'avons pas
moins a cœur le salut des pauvres qui doivent estre renfermés que leur establissement a subsistance, Voulons
que par les administrateurs, deux Ecclesiastiques soient
presentés a L'Evesque desquels il en choisira un pour en
qualité de recteur ou de Chapplin avoir soin du Spirituel
instruire et assister les pauvres et leur administrer les
sacrements, lequel prestre ne poura faire aucune fonction
ecclesiastique qu'il n'ait esté receu au bureau par les directeurs, apres quoy il poura faire touttes fonctions, et
mesme recevoir dans l'hospital les testaments des pauvres
seulement,

Et afin de pourvoir a la subsistance des pauvres Nous
avons reuny et reunissons par ces presentes aud. hospita
general l'antien hospital qui servoit a retirer les pauvres
passans, ensemble tous les fonds rentes, revenus, droits
et meubles d'iceluy dont ils pouront disposer pour le bien
de cet establissement, Permettons aux directeurs de recé-
voir tous dons, legs, universels ou particuliers soit par
testaments donations entre vifs ou a cause de mort ou par
quelque autre acte que ce soit, et en faire les acceptations
recouvrements ou poursuites necessaires ; Permettons
aussi d'acquerir eschanger vendre ou alliener par les directeurs tous les heritages et ordonner et disposer de tous
les biens meubles et immeubles de l'hospital ainsy qu'ils
jugeront estre a propos pour le plus grand bien des pau-

vres, Et sans qu'ils en soient responsables ny tenus d'en
rendre compte a quelque personne que ce soit, Voulons
néantmoins que tous les contracts d'allienation des fonds
ne puissent estre valablement faits que par une declaration prise dans une assemblée generale de tous les directeurs convocqués a cet effet, et avec le consentèment du
Sr Evesque de Poictiers ; Donnons pouvoir aux directeurs
de transiger, compromettre, composer et accorder de tout
ce qui depend des biens effets meubles et immeubles dud.
hospital. Et de tous les proces en deffends qui peuvent
estre meus, ou cy apres ce mouvoir, sans aucune exception, Lesquels compromis nous validons comme s'ils
estoient faits entre Majeurs, Comm'aussi de prendre des
terres de proche en proche pour la pour la necessité ou
commodité de l'hospital en payant la juste valeur suivant
'estimation qui en sera faite au cas que les proprietaires
voisins fissent refus d'en traiter a l'amiable ; Declarons
valables tous les dons legs et aumosnes faits par contracts,
testaments, et autres dispositions en faveur des pauvres
en termes generaux sans autre designation dont jusqu'a
present l'emploi n'aura point esté fait, Nous declarons
aussi que suivant les antiens reglements que toutes les
aumosnes de fondation, soit en argent, grains ou autres
natures dont plusieurs communautés seculieres ou regu-
lieres de la d. ville et fauxbourgs sont chargés envers les
pauvres seront et appartiendront au d. hospital general,
Voulons en cette qualité ils puissent estre vendiqués par
les directeurs ou par leur ordre et appliqué au proffit des
pauvres, Leur accordons de faire bastir des volets (¹) et

(¹) *Volet*, pigeonnier construit sur un pilier en bois ou
en maçonnerie et fermant au moyen d'un petit volet.

colombiers a pied (¹), et moulins a vent, et a eau, si besoin est dans l'estendue de la d. ville de Chastellerault, sans qu'il puisse estre donné aucun empechement, Declarons apartenir a l'hospilal a l'exclusion des collateraux, les biens meubles des pauvres qui decederont qu'ils auront aporté ou qu'ils auront acquis pendant le sejour qu'ils feront a l'hospital, Nous avons amorty et amortissons par ces presentes tous les biens et heritages appartenans au d. hospital general lesquels se trouveront compris et enfermés dans l'enclos d'iceluy sauf le droit d'autruy ; Donnons et accordons au d. hospital privativement a tous autres la faculté de vendre de la viande en careme, Permettons et donnons pouvoir aux directeurs de faire fabriquer dans les maisons de l'hospital touttes sortes de manufactures et de faire vendre et debiter au proffit des pauvres, Voulons et entendons pour la plus grande conservation des biens affaires, droits et exemptions et privileges de l'hospital general,, que tous les proces et differends qui le concerneront, tant pour les biens et droits, propriétés et revenus privileges ou exemptions, ou execution des presentes, les contenances et dependances en demandant ou deffendant comme en cas d'intervention, ou l'hospital soit interessé pour matiere personnelle, reelle ou mixte, sans exception soit traittée en premiere instance devant les juges royaux de la d. ville ; Deffendons a tous notaires huissiers et sergens de faire aucune sommation, signiffication ; ni exploits concernant l'hospital general ailleurs qu'en la maison de l'hospital ; avec deffences de les faire aux directeurs en particulier ou a leurs maisons a peine de nullité.

(¹) *Colombier à pied*, colombier construit en forme de tour isolée.

Les directeurs s'assembleront au moins une fois la semaine au jour qu'ils conviendront pour deliberer et resou-
dre a la pluralité des voix, les affaires concernant la police et le bien de l'hospital. Ils auront un recepveur qui
fera la recepte et depance des revenus de l'hospital dont
il tiendra un registre qui sera cotté et paraphé par le
président du bureau, et ne poura faire aucune depance
que sur les ordonnances signées des directeurs qui auront
assisté à la deliberation; lequel recepveur prestera le serment au bureau avant que d'entrer en exercice; Voulons
qu'il fasse estat de la recepte, touttes et quantes fois qu'il
en sera requis par les directeurs dont il sera obligé de
suivre entierement les ordres, de rendre compte d'année
en année et lors de la presentation, l'affirmer veritable en
prestant serment devant celui qui presidera. Les directeurs nommeront une personne pour tenir les registres
des deliberations qui se prendront dans les assemblées,
lequel registre sera cotté et paraphé par celuy qui presidera, et chacune séance sera signée des directeurs qui
auront assisté au moins au nombre de six ; Voulons que
les directeurs recepveurs greffiers economes et officiers
du d. hospital soient exempts de toutes curatelles et autres charges publiques pendant le temps de leur exercice
seulement sans que soubs pretexte ils puissent renoncer
aux tutelles et curatelles qui leur auront eté decernées
avant leur direction ou employ pour l'hospital. Pouront
les directeurs faire tous reglements de police et statuts
non contraires a ces presentes pour le gouvernement et
direction de l'hospital general, tant au dedans pour l'establissement et subsistance des pauvres ou pour les mettre
en leur devoir, qu'au dehors pour empecher la mendicité
publique, lesquels ayant esté arrestés au bureau.

Nous voulons estre gardés et observés par tous ceux

qu'il appartiendra. *Si donnons* en mandement, a nos amez et feaux Conseillers les gens tenant notre cour de Parlement Chambre de Comptes et Cour des Aydes a Paris, et tous autres nos officiers et justiciers qu'il appartiendra que ces presentes ils ayent a faire registrer en leurs registres et du Contenu en icelles jouir et user le d. hospital plainement paisiblement et perpetuellement, cessant et faisant cesser tous troubles et empechements, nonobstant toutes choses a ce contraire auxquelles nous avons derogé et derogeons, *Car tel est notre plaisir;* et afin que ce soit chose ferme et stable a toujours nous avons fait mettre notre scel a ces dittes presentes. *Donné* a Versailles au mois de septembre l'an de grace mil six cent quatre vingt quatre et de nostre regne le quarante deuxiesme.

Signé : *Louis.*

au dos   Par le roy

Letellier.

TABLE DES MATIÈRES

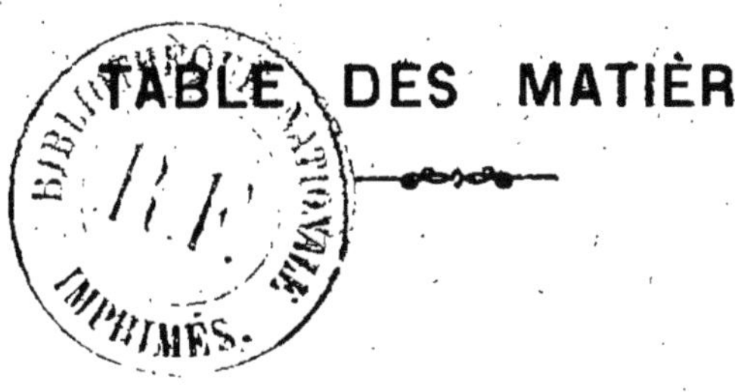

1re PARTIE

2e PARTIE

3e PARTIE

Faits se rapportant à l'histoire de Châtellerault — 89

4e PARTIE

Etat Economique et Social de Châtellerault

5e PARTIE

Etat territorial & financier du Duché de Châtellerault

Pages

6ᵉ PARTIE

Pièces annexées